Contraste insuffisant

NF Z 43-120-14

à la possession de ce qu'ils ont pu retenir de cette île immense , St-Domingue espagnol n'est en réalité qu'un objet onéreux pour sa Métropole.

En effet celle-ci est obligée d'y faire passer, chaque année , les fonds nécessaires aux dépenses de son administration que je vais faire connaître. Je tâcherai de réunir , dans ce tableau, tout ce qui est propre à piquer & à satisfaire la curiosité que doit exciter le premier plan , le premier système conçu en Europe pour diriger des établissemens lointains , dont le physique lui-même exigeoit , en quelque sorte , des règles nouvelles.

En général l'administration de la colonie espagnole a pour principes ceux que la cour d'Espagne a adoptés pour toutes ses colonies du Nouveau-Monde , & cette administration elle - même a conservé , avec celle de la Métropole , autant d'analogie qu'en ont pu souffrir des localités auxquelles l'on n'a cédé que quand elles l'ont impérieusement exigé. Nous devons donc , en étudiant la forme du gouvernement de St-Domingue , acquérir, tout à la fois, des connaissances, sur des parties de l'organisation de la monarchie espagnole & sur le régime des autres colonies appartenant à cette puissance. Nous devons même y saisir, par rapport aux colonies des autres peuples , des ressem-blances qui frappent sans étonner , dès qu'on se ressou-vient que l'Espagne ayant possédé la première, & pres-que exclusivement, cette terre nouvelle , les autres Nations ont dû croire sage , pour elles, d'imiter plus ou moins le seul modèle qu'elles connussent en ce

DESCRIPTION

TOPOGRAPHIQUE ET POLITIQUE

DE LA

PARTIE ESPAGNOLE

DE L'ISLE

SAINT-DOMINGUE;

Avec des Observations générales sur le Climat, la Population, les Productions, le Caractère & les Mœurs des Habitans de cette Colonie, & un Tableau raisonné des différentes parties de son Administration;

Accompagnée d'une nouvelle Carte de la totalité de l'Isle.

―――――――――――――

Par M. L. E. MOREAU DE SAINT-MÉRY,
Membre de la Société Philosophique de Philadelphie.

―――――――――――――

TOME SECOND.

PHILADELPHIE,

Imprimé & se trouve chez L'AUTEUR, Imprimeur-Libraire,
au coin de Front & de Walnut streets, N° 84.

1796.

DESCRIPTION

TOPOGRAPHIQUE

ET POLITIQUE DE LA

PARTIE ESPAGNOLE

DE L'ISLE SAINT-DOMINGUE.

ON a vu dans le premier volume de cette Description, tous les avantages naturels de la partie Espagnole de St-Domingue. J'aurois pu ajouter à cette peinture un nombre infini d'autres détails, si je n'avais craint de fatiguer le Lecteur ou de lui faire soupçonner que je ne comptois pas assez sur sa sagacité pour les suppléer de lui-même.

Mais malgré les ressources multipliées qu'offre cette Colonie, l'orgueil des espagnols en Amérique, malgré l'étalage fastueux que présentent les armoiries données à l'île St-Domingue dès 1508, dans un écu de gueules à la bande d'argent, accompagné de deux têtes de dragons, d'or, comme au guidon royal d'espagne, & pour orle : *Castille & Léon* ; enfin, malgré le prix indicible que les espagnols attachent genre, lorfqu'elles vinrent fonder, à leur tour, des établiffemens coloniaux en Amérique.

———

Les Indes efpagnoles (c'eft ainfi que l'Efpagne nomme fes Colonies du Nouveau-Monde), ayant été déclarées, par une loi, partie intégrante & inaliénable de la monarchie Efpagnole, le roi eft fouverain de ces immenfes contrées, & il exerce toute l'autorité qui eft la conféquence de cette qualité. Il y a le pouvoir légiflatif, la juridiction & le patronage royal, la nomination à toutes les places, emplois & offices, & tous les droits honorifiques & utiles qui font l'äpanage de la fouveraineté dans celui qui l'exerce feul & fans le concours d'aucune autre volonté. Car on ne peut regarder que comme une vaine ombre les prétendus Députés des huit royaumes dont l'Efpagne eft compofée, & qui réfident conftamment à Madrid, pour y être le comité permanent qu'établirent les *Cortès* en 1713 : comité encore plus méconnu que ces *Cortès* eux-mêmes, qu'un fyftême arbitraire a rendu invalides & impuiffans, en ne les appellant point & en donnant aux *pragmatiques* royales le droit de les fuppléer. D'ailleurs les Indes efpagnoles n'ayant aucun repréfentant ni aux *Cortès*, ni parmi ces députés des huit royaumes, il eft très-exact de dire que la volonté du monarque eft fans contrepoids, relativement à elles.

Dans l'exercice de ce pouvoir illimité, le premier agent du roi eft le *Confeil royal & fuprême des Indes.*

Ce nom est celui d'un tribunal créé en 1524. Il est composé d'un chef qui a le titre de *Gouverneur* ou celui de *Président* qui est encore plus éminent, puisque le roi accorde quelquefois le titre de président à celui qui était déjà gouverneur. En l'absence de ce chef du conseil, il était ordinairement remplacé par un *Grand-Chancelier*, mais la charge de celui-ci a été supprimée au septième titulaire en 1776. Le conseil des Indes a en outre plusieurs conseillers (qui étaient au nombre de huit lors de sa création), deux procureurs-généraux ou fiscaux, deux secrétaires, trois rapporteurs de la chambre de justice, quatre maître des comptes, un trésorier général, un historien, un cosmographe, un professeur de mathématiques, un taxateur des frais, un avocat & un procureur des pauvres, un chapelain, quatre huissiers ou gardes-portes & un alguasil ou sergent pour l'exécution de ses jugemens.

Ce conseil presque aussi ancien que la découverte de l'Amérique, & qui, par un funeste amour-propre, a toujours gardé les mêmes vues, est celui du monde entier, dont la juridiction est la plus étendue, & le pouvoir le plus grand. Il connaît exclusivement de toutes les matières de terre, de mer, politiques, militaires, civiles ou criminelles qui peuvent concerner les Indes espagnoles, avec une autorité entière sur les vice-rois, les présidens, les audiences, les maisons de contractation, les armées, les flottes & les garnisons. Il prépare toutes les loix pour les Indes; il propose au roi les sujets pour les

places & les emplois de vice=rois, préfidens, gou=
verneurs, auditeurs, juges, corrégidors, commen-
dataires ayant des commanderies ou des rentes à vie
fur le produit des Indes. Il en préfente également
pour fix archevêchés, trente-deux évêchés, & pour
les places de dignitaires, de chanoines & de prébendiers. Il connaît des appels comme d'abus des juges
eccléfiaftiques, du recours ou de la fupplication contre les jugemens des audiences royales dans les cas
d'injuftice notoire, de déni de juftice ou lorfque
l'objet du jugement s'élève à une certaine fomme; il
furveille la doctrine des Miffionnaires : en un mot, il
n'eft rien de relatif à l'adminiftration des Colonies
qui foit étranger au Confeil des Indes. Auffi Valverdé,
dit-il, que même le Sénat romain n'eût pas une juridiction portée à d'auffi grandes diftances.

Le Confeil des Indes qui a eu, jufqu'à préfent,
quarante préfidens ou gouverneurs, eft divifé en
trois chambres, dont deux s'occupent de l'*adminiftration*, & la troifième de la *juftice*. Il a une *camara*,
c'eft-à-dire, une efpèce de grand'chambre compofée
des plus anciens confeillers, & c'eft elle qui a précifément la part la plus immédiate à tout ce qui eft
décidé, fur-tout en matière de légiflation. Au moment
de leur admiffion, les confeillers (qui font choifis
parmi les préfidens & les anciens auditeurs d'une chancellerie ou d'une audience), font le ferment de fe bien
acquitter de leur emploi, d'obferver les ordonnances du confeil, & de garder le fecret de fes délibérations. Sur les objets de gouvernement, les avis des

membres font motivés pour fervir à la détermination du roi. On ne peut former un arrêté au Confeil s'il s'y trouve moins de trois membres, & dans les cas de partage d'opinion, la délibération eft renvoyée à un autre jour.

Le Confeil a pour règle à obferver dans fa préfentation pour les places des Indes, d'indiquer trois fujets entre lefquels le choix du roi puiffe avoir lieu; de préférer les perfonnes qui ont réfidé dans ces poffeffions lointaines & de n'y pas comprendre les parens des membres du Confeil jufqu'au fecond degré canonique inclufivement. Mais il exifte des preuves de la violation de cette dernière condition, & l'Amérique n'a même pas joui affez long-tems, pour fon bonheur, de celle offerte par Don Bernard de Galvez dans fes emplois de gouverneur de la Louifiane; & de vice-roi du Mexique, obtenus quoiqu'il fut le neveu de Don Jofeph de Galvez, qu'on a vu préfident-gouverneur du confeil des Indes, depuis 1775 jufqu'à fa mort arrivée en 1787. Le confeil des Indes n'eft pas plus févère obfervateur de l'obligation de ne pas fouffrir de folliciteurs à la Cour; fans doute parce qu'il eft du propre des miniftres de tout culte, de s'attribuer une portion des hommages qu'il comporte, & que l'autorité a, comme l'on fait, le culte le plus conftant.

Les objets relatifs à la guerre exigeant des connaiffances d'une nature particulière & avec lefquelles des Adminiftrateurs civils & des hommes de loi ne fauraient être familiarifés, il y a une *junte* ou confeil

de

de la guerre réuni au conseil des Indes. C'est une assemblée où des conseillers militaires votent en donnant un avis motivé qui est conservé par écrit. Le Conseil a aussi des contadors qui y forment une chambre pour l'examen de tous les comptes de finances de son ressort.

Une chose qui serait bien précieuse, avec un autre caractère que celui des espagnols, ce sont les archives du conseil des Indes, où l'on doit trouver les preuves les plus authentiques & les plus sûres de tout ce qui s'est passé dans les possessions espagnoles de l'Amérique, depuis la découverte de cette partie du monde. C'est là que doivent être consignés des détails utiles pour l'histoire qui n'a peut-être jamais eu un dépôt tout à la fois & aussi précieux & aussi inutile. On a cependant vu que le conseil des Indes avait un histo-rien ; il est même tenu de justifier, chaque année, que ce titre n'est pas vain, mais sans doute que convaincu du peu de fruit qui doit résulter de son travail, il n'a point de zèle pour ce qu'on ne désire que foiblement, ou bien que son œuvre reste obscure comme tout ce qui touche à l'administration de l'Espagne. D'ailleurs, comment peut être écrite une histoire sous l'inspection de ceux mêmes dont l'administration serait la première chose à examiner ? Comment être, même simple narrateur des faits, quand on a pour censeurs ceux que ces faits peuvent accuser ou blâmer ? L'histoire doit avoir pour compagnes, la vérité & la liberté, c'est même à cette sublime escorte qu'on peut la distinguer de l'imposture ou de la basse adulation.

Les archives du Conseil sont sous la garde d'un de ses conseillers, & elles reçoivent ce qu'y portent successivement les deux secrétaires, entre lesquels ce qui concerne les différens lieux de l'Amérique, est distribué, pour rendre leur travail égal.

Indépendamment du conseil des Indes, il y a en Espagne un Ministre des Indes qui, avec le même département que ce conseil, est cependant subordonné à celui-ci. Il semblait même n'en être, en quelque sorte, que l'expéditionnaire, à moins que le roi, jugeant à propos de consulter ses six ministres, ne les rassemblât en comité, parce qu'alors celui des Indes pouvait avoir, par ses avis, de l'influence sur les résolutions royales ; mais depuis quelques années, le ministère des Indes a été réuni à la charge de président du conseil des Indes.

Il y a aussi un grand amiral des Indes, charge d'autant plus éminente, que Christophe Colomb en fut revêtu le premier, & qu'elle appartient à sa descendance ; mais cette charge possédée aujourd'hui par Don Joseph Stuard Colomb de Portugal, de Tolede & de Stolver, Duc de Varagua, de Werwick & de Liria, Comte d'Ayala, Marquis de la Jamaïque, quinzième amiral, n'a aucune fonction, depuis que son autorité a été réunie à la couronne. Ce n'est plus aujourd'hui qu'une qualification qui réveille l'idée d'un des plus grands événemens, & celle d'un traitement pécuniaire qui ne répond que faiblement à l'importance que la place elle-même pourrait avoir.

Enfin l'Espagne a, en ce moment, le dix-neuvième

titulaire de la dignité de *Patriarche des Indes*, créée
en 1524, par Clément VII, fur la demande de Charles-
Quint ; ce n'eft auffi qu'un titre dont l'unique effet
eft de procurer un traitement annuel à celui qui en
eft revêtu, & qu'on choifit toujours parmi les prélats
les plus diftingués du royaume, lorfque ce n'eft pas
le grand Aumônier d'Epagne.

Après avoir vu en quelles mains réfide l'autorité
adminiftrative des Indes dans la Métropole, cherchons maintenant comment la colonie efpagnole de
St-Domingue eft régie & gouvernée.

Le chef principal & immédiat de l'autorité royale
dans la Colonie, a le titre de *Gouverneur & Capitaine
général, Surintendant du tribunal de la Cruzade & du
tréfor public, & Préfident de l'Audience & Chancellerie
royale de l'Ifle Efpagnole.*

Ce titre de préfident d'une audience eft le plus
confidérable qui exifte aux Indes efpagnoles, après
celui de vice-roi, & ne le cède même qu'à celui-là.
On appelle vice-roi celui qui occupe une vice-
royauté, & qui même, à caufe de cette place éminente, eft toujours préfident d'une ou de plufieurs
audiences, tandis qu'un préfident n'en préfide qu'une
feule, & que le fimple gouverneur-général, n'en
préfide point. Il n'y a en Amérique que quatre vice-
royautés ; celle du Mexique, celle du Nouveau-
Royaume de Grenade, & les deux du Pérou, dont
une à Lima & la feconde, établie feulement depuis
1777, à Buenos-Ayres, au lieu que les préfidens font

auſſi multipliés que les autres audiences qui ne ſont pas compriſes dans ces vice-royautés.

Le titre de gouverneur, aſſez connu par ſon étimologie même, donne au chef de la colonie, la compétence des objets du gouvernement, & il tient celle des objets militaires du titre de capitaine-général, commun aux gouverneurs de province en Eſpagne, & qu'il faut ſe garder de confondre avec le grade militaire qu'on déſigne par le même nom, & qui eſt équivalent à celui de Maréchal de France.

Depuis plus d'un ſiècle, le gouvernement de Saint-Domingue, a toujours été donné à des militaires, dont un ſeul a été pris dans le corps de la marine; c'eſt Don Joſeph Solano, alors capitaine de vaiſſeau. Il n'y a pas de grade marqué pour pouvoir obtenir cette place, où l'on a vu des lieutenans de meſtre-de-camp, & qui n'a point été remplie par des militaires d'un grade ſupérieur à celui de maréchal-de-camp. Elle a été fréquemment donnée à des officiers des gardes du roi d'Eſpagne.

Le préſident ordonne excluſivement aux choſes militaires, & nomme en conſéquence par *interim*, aux commandemens & autres emplois qui viennent à vaquer; & ce qui a rapport à la défenſe de la colonie, à la paix & à la guerre, ne concerne que lui. Il faut encore remarquer, à cette occaſion, que ce pouvoir n'appartient pas au titre de préſident, mais à celui de capitaine-général.

Il y a ordinairement un commandant des armes qui a, ſous le préſident, le ſoin de la partie militaire,

& qui le remplace à cet égard, lorsque le président est hors de l'île ou lorsqu'il meure, circonstance qui fait passer le gouvernement civil à l'Audience royale. Celle-ci ne peut jamais s'entremêler de ce qui est militaire, & si une décision du président ou du commandant des armes lèse quelqu'un, il a la voie du recours à la junte de guerre du conseil des Indes. Si le président est absent ou décédé, & si un ordre du roi n'a pas disposé du commandement des armes, pour ce cas extraordinaire, le plus ancien auditeur exerce les droits de capitaine-général.

Le président est tenu d'adresser, chaque année, au Conseil des Indes, un état des membres de l'audience, du produit de leurs places & de désigner celles de ces places qui sont vacantes. Il ne peut, & l'Audience non plus, lorsqu'elle le représente, faire que des nominations temporaires, avec l'obligation de ne pouvoir choisir les personnes qu'on doit considérer comme dévouées aux nominateurs par leur rapport de domesticité ou de dépendance quelconque. Le président doit consulter l'Audience royale sur le choix des intérimaires, sans être astreint à suivre ce qu'elle lui observe; mais si celle-ci croît qu'un choix est mauvais, elle peut l'écrire au Conseil des Indes. Si c'est l'ancien auditeur qui fait les fonctions de président, il n'a que la simple proposition & l'audience nomme à la pluralité des voix.

Le président doit se servir du ministère du greffier de la chambre de l'Audience royale, s'il n'a pas un écrivain ou greffier du gouvernement, nommé par le roi quelquefois l'écrivain du gouvernement est en même-tems greffier de la chambre, comme on le voit à Santo-Domingo. Cette réunion pouvant donner des craintes au président ou à l'Audience sur la parfaite indépendance de leur greffier commun, le président a la faculté d'en créer un pour les choses secrètes, & l'on verra, en parlant de l'Audience, qu'elle peut aussi employer l'un des auditeurs pour la rédaction de ce qu'elle veut écrire, sans avoir d'autres confidens que ses propres membres.

Le président lorsqu'il écrit au roi ou au Conseil des Indes, doit le faire en distinguant les matières dans les dépêches qui sont à mi-marge ; des notes indiquent dans une colonne, ce qui est traité dans l'autre. Il suit ordinairement cet ordre, *le clergé*, *la politique*, *les finances*, *& le militaire*, & les pièces au soutien doivent accompagner les dépêches. Cette forme de correspondence, est la même pour tous ceux qui ont à écrire au roi, c'est-à-dire, la marge avec les notes indicatives & la classification des objets par matières.

Le droit de faire grace & de commuer les peines, & même celui de suspendre l'exécution du jugement, étant une prérogative purement royale dans la monarchie espagnole, le président ne peut l'exercer qu'en vertu d'une autorisation expresse & spéciale du roi.

C'est au président à ordonner tout ce qui convient au bon gouvernement & à la police des villes. Il peut prescrire aux auditeurs, au fiscal, aux alcades

& aux officiers ministériels de la justice, de faire quelque chose à la décharge de son propre office de président ; mais il doit éviter d'employer les auditeurs comme commissaires, hors des cas majeurs qu'il ne peut confier qu'à eux.

Il peut, lorsqu'il le juge utile à la chose publique, former chez lui des assemblées ou conférences où il admet les personnes dans lesquelles il a le plus de confiance. C'est encore une prérogative de sa place de se donner, pour assesseur, l'un des auditeurs dans les objets de gouvernement, & il est rare qu'il n'employe pas ce moyen d'avoir de nouvelles lumières & de se déterminer en connaissance de cause.

Le président n'est aucunement justiciable de l'Audience en matière criminelle, & par conséquent il peut encore moins l'être d'aucun tribunal de l'isle. La qualité de représentant immédiat du roi à une grande distance, le besoin d'une autorité très-active, l'inconvénient de la priver de la considération dont l'opinion l'environne, tout a prescrit cette espèce d'inviolabilité, qui n'est cependant pas absolue, comme on le verra plus loin.

L'Audience ne doit pourtant pas croire que cette prééminence du président exige d'elle qu'elle porte le deuil à sa mort ni à celle de sa femme. L'Audience doit même s'opposer à ce qu'il soit jamais élevé aucun monument à la mémoire d'un président, parce que ce droit appartient exclusivement à la famille royale.

Le président ne peut rien posséder dans l'étendue

de fon gouvernement, y faire nul commerce, ni même y avoir la propriété de plus de quatre efclaves. Cette prohibition s'étend à fa femme, à fes enfans, à fes fecrétaires & à tous ceux qui font en quelque forte fes commenfaux. On conçoit aifément que les motifs de cette défenfe ont dû produire celle de fe marier dans l'étendue de fa préfidence, ni d'y laiffer contracter cette union à fes enfans ; fa place eft même réputée vacante, du moment où cette loi eft enfreinte, encore qu'elle ne l'ait été que par des démarches.

Le préfident doit fe conformer à ce qui a été prefcrit à fes prédéceffeurs, comme s'il en avoit reçu l'ordre lui-même, puifque le gouvernement eft indépendant des mutations de ceux auxquels il eft confié. Et s'il arrive qu'un cas abfolument nouveau fe préfente & qu'il foit obligé de fe déterminer d'après lui-même, il doit rendre compte au Confeil des Indes & du parti qu'il a pris & des motifs qui le lui ont fait prendre.

Il doit s'occuper d'envoyer au Confeil des Indes tout ce qui peut fervir de matériaux à l'hiftoire des colonies efpagnoles.

Il doit auffi adreffer à ce confeil toutes les notes & les renfeignemens qui peuvent faire connaître ceux des habitans de l'ifle qui font dignes, par leur conduite & par leurs fervices, d'être défignés d'une manière avantageufe.

Il s'en faut bien que tout ce qui concerne la place de préfident foit compris dans ce que je viens de

rapporter

rapporter; mais il est des détails qui n'étant pas relatifs à lui seul, s'offriront plus naturellement ailleurs. C'est ainsi que pour avoir la mesure d'une autre partie de ses pouvoirs, il faut le considérer dans les rapports que le titre de président lui donne avec l'Audience, & conséquemment parler de celle-ci, puisqu'elle est elle-même dépositaire d'une grande autorité.

Ce fut en 1509 que le roi établit l'Audience & Chancellerie royale de Santo-Domingo, composée d'un président, qui doit être en même-tems gouverneur & capitaine - général, de quatre auditeurs, (oydors) qui sont en même-tems juges du criminel (alcades del crimen), d'un fiscal ou procureur-général, d'un alguasil major, d'un lieutenant ou délégué du Grand-Chancelier d'Espagne & des autres officiers & ministres nécessaires à l'administration exécutive de la justice.

À cette époque, l'étendue du territoire de l'Audience était celle même des conquêtes des Espagnols; mais elle fut restrainte, le 14 Septembre 1526, aux Antilles espagnoles, aux gouvernemens de Venezuele, de la Nouvelle-Andaloufie, à Rio de la Hache, dépendant du gouvernement de Ste-Marthe & à ce qui dépendait alors, du gouvernement de la Guyane ou province del Dorado. Ainsi l'Audience avoit, pour borne à l'Est, le terme même des possessions espagnoles dans les Antilles; au Sud, les quatre Audiences du royaume de Grenade, de Terre-Ferme, de Guatimala & de la Nouvelle-Espagne; à l'Ouest & au Sud, les côtes qui bordent le golphe

du Mexique. Les limites de l'Audience de San-Domingo furent ainsi rétrécies, à cause de l'établissement
de l'Audience du Mexique, créée en 1527, pour con-
trebalancer l'immense pouvoir de Cortez, comme celle
de Santo-Domingo l'avoit été pour gêner celle de
l'amiral Diégue, fils de Colomb.

L'Audience de Saint-Domingue a perdu depuis,
ce qui étoit à l'Ouest de la Rivière de la Hache, &
j'ai dit dans la description de la ville de San-Domingo, qu'on en a encore souftrait récemment ce qui
forme aujord'hui l'Audience de Caraque; elle n'a donc
plus de juridiction dans la Terre-Ferme.

Quoique l'Audience ait conservé un vaste territoire,
au moyen des isles de Porto-Rico, de Saint-Do-
mingo & de Cube, ce territoire ne doit cependant
pas servir à mesurer toutes les prérogatives de son
chef, à moins que ce ne soit simplement comme président; puisque ses droits, comme gouverneur &
comme capitaine-général, sont circonscrits par les limites même de la colonie espagnole de St-Domingue.
En effet, Cube & Porto-Rico ont chacun un gouverneur particulier, absolument indépendant du gouverneur de St-Domingo, en tout ce qui est matière
de gouvernement & objet militaire.

La connaissance de ce que j'ai dit être dévolu au
gouverneur, capitaine-général, est expressément
interdite à l'Audience qui ne doit se mêler que de
l'administration de la justice, telle que la connaissance
lui en a été départie; à moins que l'absence du président hors de l'isle, ou sa mort, ne lui donne l'administration civile de la colonie.

D'un autre côté, le préfident ne peut, fous aucun prétexte, prendre connaiffance des objets qui dépendent de la juftice contentieufe. S'il affiftait à l'Audience lors de la difcuffion ou du jugement d'un procès, ce ferait pour lui une féance purement honorifique ; mais fon titre de préfident n'en eft pas moins réel, comme on aura occafion de le voir. Il doit cependant, & c'eft un de ces devoirs principaux, veiller à ce que la juftice foit rendue à chacun, & procurer, s'il eft néceffaire, la parfaite exécution des jugemens des divers tribunaux.

La compétence de l'Audience royale qui rend la juftice au nom du roi, confifte dans la connaiffance de l'appel des décifions des juges ordinaires, des corps de ville ou municipalités, même de celles du préfident, fi elles portent fur un objet judiciaire & qu'une partie fe croye léfée. Si le préfident, dans une matière qui lui eft fpécialement attribuée, excédait cependant fes pouvoirs, l'Audience eft autorifée à lui faire des repréfentations, mais s'il perfifte, à moins d'un danger imminent dans le parti qu'il aura pris, l'Audience doit fe borner à en avertir le roi avec tous les ménagemens poffibles, dont le plus important eft d'éviter la publicité. S'il n'y a que du doute fur la compétence du préfident, l'Audience doit déférer à fa décifion & figner avec lui ce qui aura été décidé dans la conférence, fauf à écrire enfuite au roi, avec cette particularité, que s'il y a eu plufieurs fentimens, toutes les perfonnes qui ont été d'un avis écrivent féparément de ceux qui en ont eu un autre & que chacun motive fon opinion.

L'Audience peut donner des lettres de répi, non pour toutes les dettes d'un débiteur, mais pour quelques unes, avec cette obligation qu'on constate préalablement l'impuissance de payer dans le moment, & qu'on fournit caution de payer dans six mois.

Le président peut faire des enquêtes ou informations secrètes contre les auditeurs, en les envoyant cachetées au conseil des Indes, mais il n'a pas le droit d'attenter à leurs personnes. Quant à l'Audience, elle ne peut se permettre d'informations, même secrètes, contre le président, si ce n'est en vertu d'un ordre du roi, quoiqu'elle puisse écrire librement au conseil des Indes sur le compte de ce chef. Mais s'il s'agissait d'objets quelconques, même relatifs au gouvernement & à la partie militaire, l'Audience pourrait adresser des mémoires à la Cour, sans être tenue de les communiquer au président, auquel ils seraient renvoyés par le Conseil des Indes s'il trouvait nécessaire de lui en donner connaissance. Pour appuyer ses mémoires, l'Audience peut ordonner que l'existence d'un fait, en foi, sera constatée, & le président ne peut ni ne doit s'y opposer.

Dans le cas où l'Audience voudrait connaître d'une chose que le président trouve hors de la compétence de ce tribunal, il doit lui montrer les cédules royales qui fondent son opinion, & si même cette communication lui paraît ou superflue ou susceptible d'inconvénient, la déclaration expresse doit suffire pour arrêter l'Audience.

Lorsque le président est mort ou absent de l'île, le

doyen des auditeurs a tous ses droits civils, & l'audience doit alors adresser, chaque mois, au conseil des Indes, un mémorial de tout ce qui s'est passé en administration.

Dans tous les tems, l'un des devoirs principaux de l'Audience, est de protéger les tribunaux inférieurs & tous les juges de première instance. Elle ne peut être elle-même un premier degré de juridiction que dans les cas expressément fixés par les loix de Castille. C'est en conséquence du même principe qu'elle ne peut évoquer le principal que sur la demande d'une partie, & après avoir déclaré qu'elle trouve que la matière y est disposée.

Si les avis se trouvent partagés dans une cause, on appelle le fiscal, pourvu que son ministère n'y soit pas intéressé, sinon l'on recoure aux avocats ; mais le choix de ces suppléans des auditeurs appartient au président. On explique la difficulté à ceux qu'on appelle pour départager, & après avoir fait le serment de garder le secret des délibérations, ils votent les derniers, afin que l'avis motivé des juges puisse encore les éclairer.

Les contestations relatives à la noblesse & aux droits qu'elle procure, ne peuvent jamais être portées à l'audience qui doit les renvoyer aux audiences de Castilles. : c'est la même chose pour les légitimations qui ne dépendent que du roi seul.

L'Audience connaît de l'appel comme d'abus en matières ecclésiastiques, en se conformant aux loix de Castille faites à ce sujet, & déclare seulement s'il y a abus ou non , en employant une grande célérité dans ces sortes de caufes. Mais elle ne doit fe déterminer à prononcer des peines pécuniaires & la faifie du temporel contre les eccléfiaftiques , que dans le cas où ils montreraient un refus obftiné d'obéir à la juftice.

Dans ce qui concerne fa propre difcipline & fon adminiftration intérieure , l'Audience royale eft tenue de fuivre les ufages des chancelleries de Caftille , fans avoir d'autres vacances que celle des jours fériés.

Le lieu où elle s'affemble , & qui , pour cette raifon , porte le nom de *Palais* , eft auffi défigné par la loi pour être la réfidence du préfident , le lieu du dépôt du fceau royal & des archives du greffe , & pour réunir l'imprimerie & la prifon.

Tous les jours , excepté les fêtes , font des jours de rapport où des jours de plaidoyerie pour l'Audience royale. Dans les premiers , elle eft affemblée pendant trois heures & entend les rapports des procès & la lecture des requêtes , & les jours d'audience, elle donne une heure de plus pour la plaidoirie & pour la lecture qui eft faite, par les auditeurs eux-mêmes , de la rédaction des jugemens qui ont été rendus.

Les féances commencent à 7 heures ; pendant les fix mois des plus long jours , & à huit feulement durant les fix autres mois.

Les après-midi des lundis & des jeudis font deftinées aux délibérations du corps de l'Audience , fur tous les objets qui peuvent intéreffer fes fonctions. Le préfident eft tenu de s'y trouver , & les autres membres, que des motifs valables empêchent de s'y rendre, sont tenus de se faire excuser auprès du président, ce qui doit avoir lieu dans tous les autres détails de leurs fonctions; car, l'absence, sans cause valable, du service des audiences & des rapports, fait perdre aux auditeurs absens la moitié du droit du jour. Un certificat annuel du greffier doit même constater au conseil des Indes que l'audience a acquitté ses obligations envers le public.

C'est dans une assemblée d'Audience que le président ouvre les dépêches du roi ou autres adressées collectivement au président & à l'Audience.

Les causes soumises à la décision de ce tribunal, forment deux rôles: l'un est composé des causes ordinaires, l'autre des causes qui sont remises ou renvoyées par un motif quelconque: ces deux rôles sont exposés dans chaque salle d'audience; & on en suit l'ordre pour vider les procès, conformément à l'ancienneté dans laquelle ils ont été conclus, c'est-à-dire, mis en état de recevoir jugement; & pour mieux constater cette ancienneté, celui des écrivains ou des greffiers à qui chaque procès a été distribué, pour en constater l'instruction, vise de sa main le jour où il a été conclu. Il n'y a d'exception à cette règle d'équité, qu'en faveur de certaines causes qui intéressent des pauvres, & pour celles du fisc. Enfin il y a chaque semaine une séance particulièrement destinée aux appels de police, une autre à ceux des successions vacantes, & une troisième pour les affaires des pauvres.

Les jugemens sont signés par tous les juges, quoi-qu'ils n'aient été rendus que par la majorité, & même afin d'éviter les dénégations dans les causes impor-tantes & susceptibles de donner lieu à la supplication au conseil des Indes, le moins ancien auditeur doit dans ces causes, écrire sur un registre, qui demeure secret entre les mains du président, la voix de cha-cun, d'une manière purement indicative & sans détail.

L'Audience a un registre à part pour les délibéra-tions relatives aux matières de gouvernement ; un autre pour les dépêches dans les mêmes matières & sur les différens objets de sa compétence ; dépêches dont elle doit envoyer, chaque année au conseil des Indes, une copie certifiée de son greffier. Un registre pour ce qui aura été délibéré par rapport au trésor public ; un pour la transcription des cédules royales concernant ce trésor ; un pour les cédules & lettres-patentes qui lui sont adressées ; un où sont ses lettres au roi, écrites par la main du greffier, & un second de celles qu'elle juge à propos de faire rédiger par un auditeur ; un où l'on tient note des services rendus par les différens citoyens, de manière que la copie qui en est envoyée au conseil des Indes, puisse servir à les faire connaître & à faire distinguer les hommes utiles dans les différens genres ; un où se trouve porté le résultat des *résidences*, & dont un résumé doit être remis au président, pour l'éclairer dans les choix qu'il a à faire. Enfin, un registre où sont inscrits tous ceux qui viennent d'Espagne pour remplir des places.

Les auditeurs de l'Audience votent dans l'ordre
inverse

inverfe de leur réception. Lorfque l'un d'eux eft récufé, il répond aux motifs de récufation, & s'ils font admis, il ne peut pas refter préfent au jugement; fi la récufation eft rejettée, celui qui l'a propofée, paye environ cinquante-cinq piaftres gourdes d'amendes.

Tant qu'il y a un auditeur, l'Audience royale eft cenfée exifter, & je ne connais pas de loi qui décide ce qui devrait s'obferver dans le cas bien extraordinaire, fans doute, où tous les quatre feraient morts ou abfens.

Lorfque le plus ancien auditeur fe trouve chargé des fonctions de la préfidence, il fait tout ce que le préfident avoit le droit de faire; mais dans les cas d'attribution particulière faite au préfident, c'eft alors à tous les auditeurs réunis à délibérer en commun & non pas à l'ancien auditeur à décider feul.

Dans le cas ou l'Audience trouve à propos qu'il foit envoyé quelqu'un chargé d'une commiffion de fa part, le choix de la perfonne appartient au préfident.

L'Audience royale ne peut difpofer pour les dépenfes qui lui font propres, que du produit des amendes (penas de camara) ou des fonds affignés aux frais judiciaires. Dans le cas d'infuffifance, elle doit recourir au préfident qui, s'il le juge néceffaire, donne des ordres pour faire fournir des fonds du tréfor public, en fe conformant à la rigueur de fes inftructions fur ce point.

L'Audience eft tenue de porter le deuil des perfonnes de la famille royale & cette dépenfe eft prife fur les frais de juftice.

A la première audience publique de chaque année, elle doit faire lire les ordonnances qui tracent les devoirs de chacun de fes membres. C'eft à elle à dreffe les tarifs de tous les frais de juftice, & elle les fait connaître au Confeil des Indes.

En examinant maintenant ce qui femble concerner les auditeurs, d'une manière plus particulière, nous trouverons encore des détails relatifs & au préfident & à l'Audience.

L'ancien des auditeurs, quoiqu'appellé à fuppléer la préfidence, doit le même fervice que les autres, & doit porter la verge comme eux. Cette verge eft une baguette blanche, très-mince & pliante qui fert de marque aux officiers de juftice ; ils la portent dans leurs fonctions. A l'extémité de cette baguette, eft une petite croix taillée en dedans & fur laquelle l'officier de juftice reçoit les fermens. Cette baguette imprime un refpect auquel les Efpagnols font accoutumés dès l'enfance, elle fuffit pour obtenir la main-forte & le concours de tous ceux à qui l'officier la préfente pour les invoquer, & celui qui la méconnaît devient répréhenfible, comme celui qui lui réfifte, devient coupable de rebellion. La verge, quand elle eft portée par un auditeur, annonce qu'il eft juge au civil & au criminel, à la différence des auditeurs des Audiences, où il y a des alcades criminels.

Le plus ancien auditeur, eft fpécialement chargé

de faire le recouvrement des exécutoires que délivre le Conseil des Indes, & il prélève trois pour cent sur le montant de ce qu'il recouvre.

L'Audience ne peut recevoir la demande que formerait, au civil, le président, les auditeurs & le fiscal, pour un objet qui leur serait personnel, ou à leurs femmes, à leurs enfans & à leurs frères. Cette demande doit être portée par-devant les alcades ordinaires & par appel au Conseil des Indes, si la cause est de mille écus de valeur. Cependant si la partie adverse ne redoutait pas l'influence dont la loi a voulu la garantir, elle pourrait porter son appel à l'Audience. Avec la même confiance le demandeur peut faire sa réclamation à l'Audience pour premier degré de juridiction, quoique son adversaire soit membre de ce tribunal.

Mais s'il s'agit d'une plainte criminelle contre les auditeurs ou le fiscal, c'est le président & les alcades ordinaires réunis qui en sont les juges. Si un auditeur est appellé en témoignage, il ne peut aller déposer qu'autant que l'Audience l'a jugé convenable, afin que la facilité de convertir les juges en témoins, ne serve pas les plaideurs qui voudraient écarter ceux dont ils peuvent redouter l'intégrité.

Chaque année le président nomme un auditeur, qu'il charge de surveiller les officiers publics, de recevoir les plaintes qu'on peut avoir à porter contre eux en matière qui ne mérite pas une poursuite en forme, & de les punir.

Comme les auditeurs sont, à leur tour, sujets à

éprouver des amendes pour leur abfence fans motif valable, ou pour d'autres caufes de cette efpèce, moyen dont la loi recommande de ne fe fervir qu'avec ménagement, de peur que leur fréquence n'atténue le refpect dû au caractère de juge, une perfonne prépofée par le préfident, tient note de ces peines pécuniaires, afin que la retenue en foit faite lors du payement de chaque quartier.

Une des chofes dont il paraît que le légiflateur à été continuellement occupé, c'eft de prémunir les magiftrats contre toute efpèce de corruption, de captation & de féduction. Le premier & le principal moyen, à l'égard des auditeurs qui tiennent le premier rang dans la magiftrature coloniale, eft le foin de ne les nommer que temporairement & de les faire même paffer d'une Audience dans une autre. Outre celà, le préfident, les auditeurs & le fifcal, ne peuvent être parrains de mariage ni de baptême d'aucuns de leurs jufticiables & réciproquement, mais feulement les uns à l'égard des autres ou avec ceux de leurs parens qui font au degré ou ils ne peuvent pas être leurs juges. Le préfident, les auditeurs & le fifcal ne doivent faire de vifite à perfonne, & ne doivent aller, foit en corps, foit en particulier, ni à des époufailles, ni à des nôces, ni aux enterremens, excepté dans des cas extraordinaires & forcés.

Les auditeurs ne peuvent pas vivre avec les avocats, les rapporteurs, les greffiers ou écrivains, ni fe laiffer fréquenter par les parties. S'ils négligent ces devoirs, après avoir été avertis deux fois par le préfident ou par leurs confrères ; ils encourent la peine de l'amende du montant du droit d'un jour. Ils doivent avoir également foin d'empêcher que les plaideurs ne les accompagnent eux & leurs femmes.

Les auditeurs ne peuvent faire aucun commerce, pofféder ni habitation, ni terre, ni jardin, à peine de privation de leur place & de deux mille ducats d'amende, dont les deux-tiers pour le fifc & un tiers pour le dénonciateur ; ils ne peuvent non plus faire aucune acquifition, placer des fommes, ni fe charger d'aucune procuration, & leurs femmes & ceux de leurs enfans qui font en leur pouvoir, fe trouvent placés fous la même défenfe. Cette févérité annonce affez qu'ils feraient coupables s'ils recevoient des préfens, puifque le préfident & les auditeurs doivent même éviter de vivre en familiarité avec qui que ce foit hors du fein de leur famille. Le préfident eft fpécialement chargé de veiller à ce que les femmes des auditeurs & des autres officiers de juftice ne forment pas des relations & des liaifons avec les autres femmes du lieu qu'elles habitent. Les auditeurs ne peuvent être ni avocats, ni arbitres, & quant à leur mariage & à celui de leurs enfans, la loi faite au préfident leur eft commune, & le Confeil des Indes doit être averti des atteintes qu'on lui donne.

Les auditeurs portent, comme je l'ai déjà dit, la robe longue à l'inftar des confeillers d'Efpagne, & ils ont le droit de mettre une houffe lorfqu'ils vont à cheval.

Les auditeurs comme tous les autres agens publics,

né peuvent posséder qu'un seul office ; & ils ne peuvent s'absenter de l'île qu'avec une permission du roi, ce qui est commun à tous les membres de l'Audience.

Les auditeurs peuvent être cités en mercuriale, mais ce doit être secrètement. S'il ne s'agit que d'une chose legère, le plus ancien des auditeurs est chargé de faire des informations verbales au lieu de les faire par écrit.

N'y ayant point d'alcades criminels dans l'Audience de Santo-Domingo, chaque auditeur, indistinctement est obligé de tenir, pendant trois mois, ce qu'on appelle *l'audience de province*, les mardis, jeudis & samedis au soir ; c'est-à-dire, connaître, en première instance, des causes civiles ; nées dans l'étendue de cinq lieues de la ville, sauf l'appel à l'Audience, lors du jugement duquel, l'auditeur qui a prononcé ne peut être présent.

J'aurois encore beaucoup d'autres choses à dire qui concernent les auditeurs, mais elles se trouveront dans les points où j'aurai à les considérer dans des fonctions qui sont extrinseques à l'Audience, dans les objets communs à d'autres officiers, & je veux éviter & les redites & la confusion.

Le fiscal est l'homme du roi & une espèce de procureur-général des Cours souveraines de France. Il porte la robe comme les auditeurs, & entre comme eux dans l'enceinte où sont les juges de l'Audience royale. Il est encore assujetti, comme eux, à se trouver aux salles d'audience, & quoiqu'il n'ait point de voix aux délibérations de ce tribunal, il peut affister à fes affemblées, s'il le juge à propos ; car ce n'eft un devoir pour lui, qu'autant qu'on y agite les matières & les intérêts du fifc. Le préfident eft tenu de le faire avertir lorfqu'il doit y avoir des audiences ou des affemblées extraordinaires.

Le devoir capital de cet agent du miniftère public, eft de foutenir la prérogative royale & de veiller à l'exécution des loix & au châtiment des délits. A ce titre, il doit parler & agir dès qu'il eft queftion de ces objets, & il a en conféquence le droit de prendre, lorfqu'il le juge utile, communication de tout ce qui eft adreffé par le roi à l'Audience, de tous les actes & de toutes les pièces qui font dans les archives. Il peut informer le roi de tout ce qu'il croit intéreffant de lui faire connaître, & s'il a befoin alors de quelques preuves par enquête, l'Audience royale les prefcrit. Comme l'exercice de fes fonctions eft d'une haute importance, & qu'il ne pourrait fe livrer à la défenfe d'intérêts privés fans leur facrifier un tems confacré à l'intérêt général, il ne peut faire les fonctions d'avocat, ni celles d'arbitre, & même pour s'abfenter il doit avoir l'agrément du préfident. Dès qu'il eft empêché de remplir fes fonctions, par une caufe quelconque, l'exercice en eft dévolu au moins ancien des auditeurs, à moins que ceux-ci ne foient en fi petit nombre, que le préfident ne trouve préférable alors de charger un avocat de le fuppléer, ce que peut prefcrire également l'Audience lorfqu'elle remplace la préfidence.

Quand le président juge des causes de gouvernement, le fiscal doit y paraître. Il est partie dans tous les tribunaux pour ce qui touche au trésor & aux autres matières publiques, & c'est pour cette raison qu'il y a des substituts ou solliciteurs. Toutes les causes de police doivent être vues par lui ou par ces substituts ; il assiste aux ventes faites au profit du fic , & il a le pas sur les agens de celui-ci. Il visite avec les officiers du Domaine ou du Trésor royal, les bâtimens à leur arrivée & à leur départ, pour surveiller la contrebande & requérir en cas de contravention ; il s'oppose à ce que les ordonnances du président soient acquittées au trésor, si elles ne sont pas conformes aux ordres & aux instructions du roi ; il rend compte, chaque année, au conseil des Indes, des délibérations en matières fiscales, & lui adresse un état des causes où le fisc a intérêt.

Ce n'est pas assez pour lui de se conformer aux défenses faites au président & aux auditeurs sur les acquisitions & les mariages, dans les relations & la décence publique de sa vie magistrale, il faut encore qu'il en surveille l'exécution quant aux autres ministres de la justice, & qu'il se garantisse de la mercuriale à laquelle il est sujet de la même manière que les auditeurs. Il est chargé d'empêcher que les officiers temporaires nommés par le président, ne prolongent leurs fonctions au-delà du terme qui leur a été fixé.

Plus le ministère du fiscal est imposant, plus il doit employer de réserve en l'exerçant ; il ne doit donc pas accuser sans dénonciateur, sinon dans les

cas

cas expreſſément marqués par la loi, ou dans celui de la notoriété publique, & cette loi qui ſe repoſe ſans doute ſur ſa ſageſſe, le diſpenſe alors de donner une caution pour répondre de la calomnie ou des frais, caution à laquelle le dénonciateur eſt aſſujetti. Le fiſcal peut récuſer un juge de l'Audience, mais il eſt tenu, comme un ſimple particulier, de prouver ſes moyens de récuſation.

Il rend compte, tous les ans, au Conſeil des Indes, des choſes importantes qui intéreſſent l'ordre public, après en avoir conféré avec le préſident & l'Audience; & s'ils ne partagent pas ſon opinion, il ne lui eſt pas moins loiſible de la ſoumettre au Conſeil.

S'il était trouvé utile que le fiſcal eût un ſubſtitut dans l'Audience royale, ce ſerait à cette dernière à le nommer & à fixer ſon traitement.

En parlant d'autres parties de l'adminiſtration & d'autres fonctionnaires publics, il ſe préſentera encore des détails relatifs au fiſcal, mais que je ne puis placer ici ſans courir évidemment le riſque de me répéter plus loin.

Nous avons vu que l'Audience royale avait été créée avec un alguaſil major, qui eſt, à proprement parler, une eſpèce d'huiſſier-audiencier ou premier huiſſier. Il a le même rang & les mêmes prérogatives que les alguaſils majors de Valladolid & de Grenade. Il s'aſſit aux audiences & marche aux cérémonies après le fiſcal. Il exécute les ordres de l'Audience & les ordonnances pour la police de la ville de ſa réſidence. Pour entrer en fonction, il doit d'abord prêter ſon ferment à l'Audience, & cette formalité est également exigée des lieutenans qu'il nomme à son choix, pourvu qu'il ne les prenne point parmi les commensaux du président & des auditeurs, & qu'il puisse affirmer, comme ses lieutenans, que son choix n'est pas l'effet d'un traité passé entre eux.

C'est encore l'alguasil major qui choisit les concierges des prisons des Audiences (Alcades de las carceles) & qui les présente à ce tribunal pour les examiner. Aux exécutions, il doit y avoir un lieutenant de l'alguasil major, présent, à moins que dans un cas très-particulier, l'Audience n'eût ordonné qu'il y serait lui-même. Lorsqu'un auditeur ou une autre personne est envoyée comme commissaire de l'Audience, l'alguasil major peut demander à l'accompagner, si l'Audience n'en décide pas autrement; mais il n'a pas une plus grande rétribution que tout autre alguasil, & en son absence l'Audience lui donne un suppléant qui a tous ses droits.

Si les officiers royaux ou du domaine prennent un alguasil pour la visite des navires, c'est à l'alguasil major à les accompagner. Il est tenu, lui & ses substituts, de se trouver aux salles d'audience, à peine d'amende applicable aux pauvres prisonniers, & d'escorter l'Audience royale marchant en corps. C'est encore à lui & à ses substituts à faire, la nuit, des patrouilles pour le maintien du repos public, où à répondre des dommages qui résulteraient de leur négligence; la visite des lieux publics, de manière à y prévenir les désordres, est encore un devoir à sa charge.

L'alguafil major & fes lieutenans peuvent arrêter dans le cas de flagrant délit ; fi c'eft le jour, ils conduifent à l'Audience ceux qu'ils arrêtent, ou bien ils les mettent en prifon pour en avertir l'Audience le lendemain matin. L'exactitude à arrêter en vertu des mandemens de juftice, eft auffi une obligation qui doit être fcrupuleufement remplie, & pour mieux s'affurer du maintien de la police, l'alguafil major doit, le famedi de chaque femaine, un compte exact de ce qu'il a fait. Enfin l'alguafil major ne doit point oublier qu'il eft compris dans la prohibition d'acheter & de contracter, toûjours pour qu'il foit indépendant dans l'exercice de fes fonctions, qui peuvent avoir une grande influence fur la tranquillité publique.

Chaque Audience ayant en même tems une chancellerie près d'elle, les fceaux s'y trouvent dépofés. Dans tous les États, cette marque de la fouveraineté obtient de grands témoignages de refpect, parce qu'elle eft deftinée a donner le caractère public aux différens actes, fuivant leur nature. Auffi lorfqu'il arrive des fceaux nouveaux, l'Audience eft-elle tenue d'aller en corps les recevoir au débarquement. On les place fur un cheval richement enharnaché, & le préfident marche à la droite, & le doyen des auditeurs à la gauche, & avec autant d'honneurs & de folennité que fi le roi entrait lui-même. On conduit les fceaux dans le palais de l'Audience, où ils font placés dans un lieu tout à la fois fûr & décent. Le fceau s'applique fur les actes, en papier & fur de la cire colorée ; l'Audience doit faire fceller tout ce qui émane d'elle.

C'eft au Grand-Chancelier des Indes, c'eft-à-dire, au chef du Confeil des Indes, à l'office duquel cette place a été réunie, à nommer un lieutenant pour lui, auprès de l'Audience, & comme le titre de chef de l'enregiftrement était joint à celui de Grand-Chancelier, le lieutenant de celui-ci eft également chargé de l'enregiftrement. Les droits de fcel & d'enregiftrement font tarifés au triple de ceux de Valladolid & de Grenade.

Le lieutenant du fceau a fa place à l'Audience le premier, à la tête du banc des avocats. Il y a auffi la garde particulière d'une falle où font deux armoires, dont l'une renferme les procès terminés par l'Audience avec une étiquette à chaque procès, & l'autre tous les actes, les pragmatiques & les cédules qui établiffent les droits & les prérogatives de l'Audience royale.

Dans les Audiences il y a des perfonnes fpécialement chargées du foin de faire le rapport des procès, foit dans les matières civiles, foit dans les matières criminelles. Ces rapporteurs font nommés par le préfident du Confeil des Indes ; ils doivent être gradués & faire, avant d'entrer en fonctions à l'Audience, le ferment de fe conformer aux loix & aux réglemens de ce tribunal. Ils font punis d'une amende s'ils ne fe trouvent pas aux falles, au moment de faire leurs rapports. Lors des interlocutoires, ce rapport eft verbal, & dans les autres cas, il eft rédigé par écrit,

à moins que le procès ne soit au-dessous de cent piastres gourdes. Le rapport doit contenir les points
principaux du procès, les preuves, la substance des
écrits & les observations sur la procédure pour établir
si elle est en régie ou non. Dans les affaires criminelles cependant, ce sont les auditeurs qui lisent eux-
mêmes les dépositions. Le rapport ou la *relation*,
pour nous servir du mot espagnol, doit être signée
& affirmée par le rapporteur qui la lit aux défenseurs
des parties, avocats & procureurs, qui sont tenus de
se rendre à la sommation qu'on leur donne pour cette
lecture, à peine de payer une amende. Les parties
acquittent, par égales portions, les frais du rapport,
& les rapporteurs obtiennent des exécutoires pour
les y contraindre.

Le rapporteur doit encore faire pour les juges un
mémoire expositif de la cause, lorsque les parties le
désirent, & sa signature en garantit la véracité. Il
côte & numérote les pièces; s'il omet un fait important, il est mulcté de dix piastres gourdes d'amende
ou de celle que fixe le président, si l'omission est
légère. Les rapporteurs ne peuvent pas se passer entr'eux les procès qu'on leur a distribués; ils doivent
se conformer au tarif, signer leurs reçus, se loger
à portée du palais, éviter de vivre avec les juges,
être payés de leurs appointemens fixes sur les frais
de justice, & se conformer à la prohibition déjà
plusieurs fois citée de contracter & d'acquérir.

Le greffier de la chambre (*escrivano de camara*)
occupe une place dont le produit est affermé, mais

Il est soumis à un examen de capacité. Il est astraint à se trouver à la salle de l'Audience, une demi-heure avant qu'elle ne commence, pour recevoir les requêtes. C'est à lui à faire distribuer les procès & à prévenir le fiscal de celles où son ministère est intéressé, qu'il doit même faire porter chez lui; c'est par ses soins que les *relateurs* doivent recevoir les procès que les huissiers leur apportent trois jours après qu'ils sont définitivement conclus. Lorsqu'un auditeur, chargé d'une commission, prescrit une preuve, c'est à lui à la recevoir. Les jugemens doivent être écrits de sa main, & le jour même de leur prononciation, il doit les notifier aux parties, ce qui a aussi lieu envers le fiscal pour celles où il est partie, s'il n'a pas été présent à leur décision. Il faut qu'il tienne régistre des amendes que l'Audience prononce & qu'il en délivre l'extrait au receveur, chaque semaine. Les communications de pièces, il les fait sans déplacer celles-ci, & il ne peut en remettre aucune qu'avec l'attache de l'Audience. Un tarif fixe ses honoraires dont il fournit quittance.

Avant de parler des autres officiers de l'Audience que l'on comprend sous la dénomination d'officiers ministériels (ministros), disons un mot sur la législation, sur le clergé & sur d'autres tribunaux qui peuvent être considérés comme des parties de l'administration ou religieuse, ou judiciaire, ou même de celle des finances.

Il y a en Espagne, un code des loix des Indes, sous le titre de *Recueil des loix des Royaumes des Indes.*

Ce fut en 1681 que le roi en ordonna la publication, & on y trouve tout ce qui a été prescrit pour le gouvernement de ces contrées éloignées & qui n'a point été abrogé. Ce qui est consigné dans ce recueil a force de loi. Il en a été fait une seconde édition en 1756 (*), & je suis informé qu'en ce moment on travaille à une troisième. On ne peut s'empêcher de remarquer à ce sujet la différence du caractère espagnol comparé au nôtre, puisqu'il n'est pas une seule de nos colonies dont l'administration ne pût fournir un code aussi volumineux.

L'une des règles prescrites pour les Indes, c'est de s'y conformer aux loix de Castille, dans tous les cas ou celles particulières aux Indes sont muettes ; & l'on sait qu'en Espagne, lorsque les loix de Castille en parlent pas, on consulte le droit romain & qu'en matière ecclésiastique le droit canon est la règle qu'on suit.

Les loix émanent directement du monarque, & il prescrit de regarder comme nulles toutes celles qui sont portées sur des motifs erronnés, ou en dissimulant les veritables faits. Elles doivent encore rester sans exécution, si elles ne sont pas revêtues du sceau du Conseil des Indes. Lorsque la loi est mauvaise dans son essence, elle doit cependant être exécutée, sauf les représentations de l'Audience & de ceux qui ont caractère pour faire parvenir la vérité jusqu'au trône, à moins que le mauvais effet de la loi ne dût être irréparable ou offrir un grand scandale.

Les loix pour les Indes sont signées du roi, & pour

(*) En quatre volumes, petit in-folio.

que le Conseil des Indes lui propose d'en faire ou d'en abroger une, il faut que ce soit à la pluralité des deux-tiers des voix. Mais par un usage qui n'est pas exempt de danger, indépendamment de ces loix, il y a encore des cédules royales, des provisions & même de simples dépêches qui, sous prétexte de maintenir & d'expliquer la loi, peuvent l'altérer ou la changer. On ne peut se dissimuler toutefois que la permanance du Conseil des Indes & même son amour-propre ne soit un préservatif contre ces innovations, & la stabilité des places dans la métropole espagnole en est encore un, contre la mobilité & des décisions & des principes.

Les cédules relatives aux finances, doivent être déposées en original aux Audiences, celles pour le trésor public, dans un registre à part, & toutes celles adressées au président, comme chef de l'Audience, font aussi partie du dépôt de cette cour. J'observerai ici qu'une loi porte que l'adresse faite d'une loi, à quelqu'un, ne peut pas être considerée comme une attribution qu'on lui fait de la connaissance de ce qu'elle prescrit ou défend.

On envoye aux Corps de ville des différens lieux, à leurs frais, des copies des loix générales & pareillement des réglemens de l'Audience lorsqu'ils peuvent les intéresser. Quant aux réglemens que ces corps de ville font pour leur régime local, leur exécution peut être autorisée pour deux ans par l'Audience qui les adresse au Conseil des Indes. Si c'est le président qui les approuve, ils ont une exécution provisoire

jusqu'à

jufqu'à ce que l'Audience les ait revues. Mais dans cet examen, comme dans la confection de tout réglement local, il faut, autant qu'il eft poffible, prendre l'efprit des loix d'Efpagne.

Si un autre Confeil que celui des Indes, écrit au gouvernement ou à l'Audience, fa dépêche doit être renvoyée au Confeil des Indes.

Les loix données aux Indes portent l'empreinte profonde des idées religieufes fur le peuple efpagnol, & j'en fournirai fûrement plus d'une preuve au lecteur dans ce que j'ai à dire du clergé.

Le patronage appartient au roi dans toutes les Indes. C'eft le préfident qui l'exerce, & il nomme même une perfonne qui affifte aux examens fur la doctrine, pendant la vacance du fiége archiépifcopal; le fifcal doit auffi veiller à ce qui a rapport au patronage.

Les immunités eccléfiaftiques font fpécialement recommandées aux Indes, où les marins peuvent cependant être retirés des églifes & couvens & renvoyés en Efpagne.

L'archevêque doit faire, avant d'être mis en poffeffion de fon fiége, par-devant un écrivain ou notaire public, le ferment de reconnaître la juridiction & le patronage royal & les droits réfervés au roi; s'il n'en exhibe pas la preuve, le gouvernement doit l'empêcher d'être reçu. L'archevêque eft tenu à réfidence, ce qui eft une loi générale pour tous les fonctionnaires publics d'Efpagne, & il ne peut retourner dans le royaume, fans la permiffion du roi. Quant à fa juridiction, l'Audience royale doit s'oppofer aux empiétemens qu'il pourrait tenter, mais il lui est également recommandé de favoriser l'autorité & la dignité du prélat.

Les revenus des bénéfices vacans & la dépouille des prélats défunts, appartiennent au roi, d'après un concordat fait avec le Saint-Siége, qui ne peut exercer aucune autorité immédiate dans les colonies, puisqu'aucun bref, ni bulle ne peuvent y être reçus & publiés s'ils ne sont revêtus de l'attache du Conseil des Indes; & l'ambassadeur d'Espagne à Rome, doit même veiller à ce qu'on n'y en délivre point sans l'avis de ce Conseil.

Il doit y avoir au moins de douze en douze ans, des conciles provinciaux, où le président assiste pour le roi, & un concile synodal chaque année, obligation que le président doit avoir soin de rappeller. Avant de pouvoir imprimer & publier le résultat des premiers, ils doivent être soumis au Conseil des Indes, & quant aux seconds, il suffit qu'ils soient envoyés au président & à l'Audience qui, s'ils les désapprouvent, les adressent aussi au Conseil des Indes.

L'Archevêque a un ordinaire & les droits qui appartiennent à sa dignité sur le chapitre. Il doit réprimer l'absence des prébendiers, &, à cet égard, le président a aussi une surveillance active, car tout le chapitre est tenu de résider. Les formes capitulaires, l'habit de l'archevêque, des chanoines, des dignitaires, la décoration des autels, le rituel, tout doit avoir pour modèle la cathédrale de Séville, dont on se rappelle que dépendait Santo-Domingo, avant d'être un archevêché.

Lorsque le siége est vacant, la surveillance du président devient plus nécessaire, & son influence est telle, dans tous les tems, qu'autorisé de son avis, l'archevêque peut renvoyer un ecclésiastique de mauvais exemple. S'il s'agissait même d'un prédicateur qui se serait laissé emporter à un zèle assez indiscret pour qu'on ne pût pas espérer de le ramener dans les véritables bornes, par le moyen de l'admonition de l'archevêque, le président pourrait le renvoyer en Espagne.

Le roi faisant tous les frais du service divin, la dixme lui appartient, d'après une concession du pape. Voici sur quels objets & dans quelle proportion elle devrait être perçue ; car il sera aisé de se convaincre, par l'énumération même de ces objets, qu'il en est beaucoup que la colonie espagnole n'offre pas, ou qu'elle n'offre plus, & que quelques-uns n'y ont jamais été produits.

Sur le froment, le seigle, l'orge, le millet, le maïs, l'avoine, les pois, les lentilles, les carrouges, les erses ou tout autre grain, légumes ou semences, une mesure sur dix, & s'il est de ces choses qu'on ne puisse pas mesurer, on en prend un dixième de la manière la plus approchante, sans défalquer, ni semence, ni rente, ni frais quelconques. C'est la même chose du ris & du cacao, lorsqu'ils ont été mis dans l'état où on les vend.

Sur les chevreaux, les agneaux, les cochons de lait, les poulets, les oyes, les cannetons, les pigeons, encore qu'on les consomme, le dixième ; ce qui a également lieu pour les veaux, chevaux, jumens, poulains, mulets & ânes en âge d'être ferrés, & pour les porcs & les oiseaux à l'âge où l'on peut les élever sans leurs mères. Comme on doit un demi sur cinq chofes, le décimateur prend l'entier & paye l'autre moitié, fauf l'eftimation fi elle eft néceffaire.

On donne la dixme du lait qu'on fait vendre, du fain-doux, du fromage, de la laine ; de tous les fruits quelconques, quoiqu'on les confomme, excepté des ananas & des *Villotas* ; on paye la dixme du miel, de la cire, des effaims, du lin, du chanvre, du coton, du fumac, de la garance, du paftel, de la craie & du *mindon*, de la cochenille, de l'indigo ; quant aux dixième des herbages, il fe paye en argent, & pour la foie on prend un cocon fur dix.

Par rapport au fucre, celui qui eft terré doit cinq pour cent ; le rafiné, les écumes ; les fontaines, les mélaffes, les baffes matières, les clarifiés, les mêlés, les gros firops & les firops amers, quatre pour cent ; une caffave fur vingt ; le dixième du maignoc.

Perfonne n'eft exempt de la dixme, & même les biens du roi y font affujettis, ou font comptés dans le produit ; perfonne ne peut s'abfenter de fon canton s'il n'a payé la dixme ; la pêche & la chaffe en font affranchies.

Il n'y a point de dixmes perfonnelles ; les dixmes champêtres ne font dues que conformément aux titres, & ne comprennent point les métaux & les autres chofes que les bulles exceptent.

Les prémices font les mêmes que dans l'archevêché

de Séville. En général il est dû une demi-fanègue (*) de ce dont on fait six fanègues, mais rien au-dessus, ni au-dessous de cette quantité. Si les choses ne peuvent être mesurées par fanègue, on les évalue dans la proportion qui vient d'être dite. Pour le lait, on doit ce qui peut être trait la première nuit.

Le produit des vacances n'est exigé que quatre mois après la prise de possession du nouveau titulaire, & on l'évalue sur le taux moyen des cinq années précédentes.

Les ecclésiastiques ne peuvent remplir aucun emploi, & tout commerce leur est interdit. Il ne leur est cependant pas défendu d'avoir des habitations, & Valverde en offre une preuve personnelle.

L'Audience royale peut prescrire au prélat de faire ses visites diocésaines, & de former des synodes, s'il néglige cette partie de ses devoirs, & elle pourrait même agir contre lui & contre les juges ecclésiastiques quelconques, s'ils étaient cause de la cessation des fonctions divines, après que l'Audience aura prescrit de lever la censure. Quand l'Audience a prononcé le bannissement contre un ecclésiastique, elle doit l'envoyer avec son procès au conseil des Indes. Ce ménagement n'est pas le seul qui soit exigé de l'Audience pour le clergé, car si on lui adresse des requêtes indécentes contre l'archevêque, elle doit les faire déchirer, & les requêtes contre les personnes du clergé se lisent secrètement.

______

(*) La fanègue pèse environ cent une livres françaises, poids de marc.

Le président & les membres de l'Audience ne peuvent, ni eux ni leurs femmes, entrer dans l'intérieur des monastères de femmes, & aller dans les parloirs à des heures où ils ne sont pas habituellement ouverts.

Le fiscal vise les causes qui passent devant l'ordinaire sur les immunités de l'église. Il doit aussi requérir contre les dispositions faites par les ecclésiastiques de ce qu'ils ont acquis au mépris des défenses des conciles.

Quant aux cures, elles sont à Saint-Domingue Espagnol, soumises au choix de l'évêque. Les religieux reconnaissent aussi sa juridiction, & comme ils ne peuvent point passer aux Indes sans démissoire, sans être avoués par le procureur de la mission à laquelle ils sont attachés, & sans la permission du Conseil des Indes qui veille à ce qu'on leur fournisse l'aumône ou viatique, qui doit leur procurer les choses nécessaires à leur voyage, il y a autant de précautions qu'on en peut naturellement prendre pour qu'ils soient choisis de manière à n'offrir aucun scandale.

Mais il est un grand scandale & pour la raison & pour l'humanité dont le gouvernement Espagnol a souillé l'Amérique : c'est ce tribunal dont le titre seul fait horreur, parce qu'il annonce la recherche de ce que l'homme devrait avoir encore à lui seul, lors même qu'il ne lui reste plus rien sur la terre, la conscience.

Dès 1517 le cardinal de Tolède, inquisiteur général, avait donné des commissions d'inquisiteurs aux évêques de San-Domingo & de la Conception de la Véga pour leur juridiction respective.

Le 25 Janvier 1569 a été le jour défaftreux où une loi a ouvert à l'inquifition une porte vers cette partie du monde , & depuis le 26 Décembre 1571 , elle y a trois tribunaux, à Lima , à Mexico & à Carthagène ; c'eft de ce dernier que dépend Saint-Domingue Efpagnol.

Chacun de ces tribunaux eft compofé de deux inquifiteurs , d'un fifcal , un alguafil major , un receveur , un notaire du fecret & les autres officiers fubalternes, néceffaires à la juridiction du Saint-Office. Quoique San-Domingo ne foit pas le chef-lieu de la réfidence du tribunal , le lecteur me pardonnera, peut-être , de placer ici le détail de la réception que la loi veut qu'on faffe aux inquifiteurs à leur arrivée dans le chef-lieu, lors de la fondation du tribunal, parce qu'elle m'a paru propre à faire bien juger de l'afferviffement des efprits.

Quand le vaiffeau qui porte les inquifiteurs eft mouillé, ceux-ci font prévenir le gouverneur de leur arrivée, afin qu'il leur faffe préparer un logement dans un couvent ou à défaut de couvent , dans une maifon décente. L'artillerie de terre & de mer fait une falve lors de leur débarquement, qui a lieu un jour de fête ou de dimanche au matin , & l'on y met le plus de pompe qu'il eft poffible. L'évêque & le chapitre, le gouverneur & le corps de ville viennent les attendre au rivage. La marche s'ouvre dans l'ordre fuivant : l'évêque ou archevêque a le plus ancien des inquifiteurs à fa droite, tandis que le gouverneur a le fecond inquifiteur à fa gauche. Si l'évêque eft abfent, le pre-

mier inquisiteur marche, ayant le second à sa droite &
le gouverneur à sa gauche. Le fiscal, après avoir fait le
signe de la croix, prend l'étendard de la foi & marche
entre le doyen du chapitre & le lieutenant du gouverneur ou entre les deux personnes qui les suivent en
dignité, puis l'alguasil major entre les deux suivantes,
& successivement le receveur & le notaire du secret
de la même manière.

On va ainsi jusqu'à la cathédrale, où l'on est reçu
avec la croix, par le clergé, chantant le *Te deum*. Les
inquisiteurs & leurs officiers se rendent dans la plus
grande chapelle du côté de l'évangile, où l'on a placé
trois siéges de velours pour les inquisiteurs & le fiscal,
avec un tapis & deux carreaux seulement qui sont
pour les inquisiteurs, & les officiers sont sur un banc
couvert d'un tapis; l'évêque & le chapitre sont dans
le chœur; le gouverneur & le corps-de-ville du côté
de l'épître. On chante une messe solennelle *en actions
de graces* de l'établissement du tribunal du St-Office.
Puis le gouverneur & les autres, font le serment
canonique & on lit les cédules & les provisions des
inquisiteurs. Cela terminé, les inquisiteurs sont conduits à leur logement dans le même ordre qu'en se
rendant à l'église.

Quelques jours après les inquisiteurs publient l'édit
de la foi. Le gouverneur & le corps-de-ville les
accompagnent. Le premier inquisiteur est au milieu,
le second est à la gauche, & le gouverneur à la droite.
Le fiscal entre les deux personnes les plus considérables après le gouverneur, & quant aux trois officiers,
savoir :

savoir : l'alguafil, le receveur & le notaire du fecret, ils vont avec les municipaux (régidors). Arrivés à l'églife, deux chanoines préfentent l'eau-bénite aux inquifiteurs & les mènent à leur place. Cette place eft dans la grande chapelle dont on a déjà parlé, & c'eft la même chofe à tous les actes de la foi. Si les inquifiteurs viennent à l'églife les jours de fêtes folennelles, ils ont pareillement la chapelle ; mais on n'eft pas tenu de les accompagner comme aux actes de foi.

S'il s'agit d'un acte public de la foi, auquel l'évêque, le chapitre, le gouverneur & la municipalité, doivent concourir, c'eft dans le même ordre que celui de l'entrée qu'on fe rend à l'amphithéâtre dreffé fur la place ; là l'évêque & fon chapitre fe mettent à droite, le gouverneur & la ville à gauche, les inquifiteurs fous un dais. Si l'évêque eft abfent, le provifeur prend la gauche du moins ancien inquifiteur, & dans la marche vers l'amphithéâtre, le gouverneur prend la place de l'évêque à droite du premier inquifiteur ; & le provifeur fe met à la gauche du fecond ; mais rendus à l'amphithéâtre, le gouverneur & le provifeur prennent la gauche des inquifiteurs ; le chapitre eft à droite, le corps-de-ville à gauche. L'alguafil major de la ville doit auffi fe trouver fur la place, parce que la police du jour roule fur lui.

Les agens de l'inquifiteur, c'eft-à-dire, fon contador ou adminiftrateur des finances, le lettré & les autres, précèdent ceux que le tribunal entier doit précéder parce qu'ils font reputés en faire partie.

C'eft du produit des biens confifqués par l'inquifi-

tion que fes miniftres font payés, à moins que leur infuffifance ne force à recourir au tréfor public. Dans
chaque églife cathédrale il y a un canonicat laiffé
vacant, & dont la rétribution eft deftinée à l'inquifition.
Ses intérimaires (que le vice-roi a le droit de nommer depuis le fifcal inclufivement), n'ont que la
moitié des appointemens de leurs places. Les officiers
de l'inquifition font exempts d'impôts, excepté du
droit *d'Alcabela*.

Le nombre des familiers du Saint-Office eft in-
déterminé, & ils peuvent faire le négoce, parce
qu'ils ne font pas cenfés membres de l'inquifition.
Je paffe fous filence une foule de particularités
qui ne feraient qu'hiftoriques, pour venir à la manière dont le tribunal établi, par le vœu du grand
inquifiteur & la volonté royale à Carthagène, exerce
fa juridiction à Santo-Domingo.

Il y a un commiffaire qui, quoiqu'il pût être laï-
que, eft eccléfiaftique & prefque toujours un chanoine de la cathédrale, un alguafil & des familiers. J'ai déjà dit que l'empire de l'inquifition
était prefque nul dans la colonie efpagnole de St.-
Domingue, & c'eft un avantage dont elle jouit encore plus que les autres colonies efpagnoles, quoique l'inquifition foit dans celles-ci bien moins févère
que dans la métropole.

Le commiffaire de l'inquifition eft loin de jouir
de la plénitude des pouvoirs de ceux dont il n'eft
que le délégué, & la loi lui prefcrit même la cir-
confpection dans les actes qu'il fait. Il eft plus obli-

gé qu'eux de se ressouvenir que l'inquisition n'a aucune autorité sur les universités & que tout ce qui a rapport au gouvernement, lui est expressément interdit. Le commissaire ne doit point rendre ce que l'on appelle des devoirs de bienséance à des particuliers, mais *être très-gracieux* envers les habitans qui sont dans l'usage de l'escorter dans ses fonctions publiques; la qualité de commissaire sur laquelle réfléchit une grande portion du respect craintif & superstitieux qu'on a pour l'inquisition, ne garantit cependant pas celui qui en est revêtu, de la recherche des délits qu'il pourrait commettre.

Je n'ai plus qu'un mot à dire sur l'inquisition, c'est que par-tout l'objet de sa haine la plus implacable ce sont les livres, & que ce caractère la suit à Santo-Domingo : une vue faible est toujours blessée de la lumière. L'inquisition conserve aussi sa vive anthipathie pour la descendance des Juifs, pour les Maurés, les Barbaresques & elle la manifeste également au-delà des mers.

Il y a aux Indes espagnoles un autre établissement ou tribunal qui tient à la religion, mais qui du moins ne présente ni terreurs ni tourmens, c'est la Sainte-Croisade (Santa Cruzada), nom tiré d'une bulle dont l'objet primitif était de donner des indulgences à tous ceux qui offriraient des dons ou leurs bras pour être employés contre les Infidèles. Ce n'est plus aujourd'hui qu'une croisade purement spirituelle, dont la réalité est un véritable impôt, quoiqu'il paraisse libre à chacun de refuser d'acheter la bulle ; mais elle offre tant de biens pour un prix si bas, & la négligence de se la procurer annonce une insouciance si voisine de l'hétérodoxie, que tout le monde, même les ecclésiastiques, achète les trésors célestes & avec eux le bonheur de faire gras & de manger des œufs & du lait durant les jours maigres & pendant le carême, pourvu qu'on s'y fasse autoriser par l'avis de son médecin & de son directeur.

Il y a encore des bulles pour faire cesser les peines d'une conscience sur laquelle pèse des biens envahis ou mal acquis, & cet objet fait partie de la compétence & des profits de la Sainte-Croisade.

Elle a son siége principal en Espagne & pour chef un magistrat qui s'intitule : *Commissaire général de la Croisade.* Cet établissement remonte jusqu'en 1525, & il a été rendu propre aux Indes espagnoles par une loi du 16 Mai 1609, & comme elle veut qu'il y ait un tribunal de la Croisade dans chaque lieu des Indes où sera une Audience royale, San-Domingo en a un. Il s'y trouve composé d'un subdélégué général du commissaire général d'Espagne, du plus ancien auditeur, du fiscal de l'Audience & du plus ancien des officiers du trésor public, qui prend le titre de contador de la Croisade.

Le subdélégué général est souvent un chanoine, mais cette place, sans doute considérée comme très-honorable, est encore relevée par le titre de surintendant que le président de Santo-Domingo ne dédaigne point d'accepter, comme plufieurs d'eux l'ont fait voir en l'ajoutant à leurs qualifications.

Le fubdélégué général établit, dans les lieux où il les croit néceffaires, des fubdélégués particuliers. Ceux-ci ftatuent fauf l'appel au tribunal où ce fubdélégué général juge avec l'auditeur qui figne les jugemens. S'ils font d'avis différent, ils appellent un autre auditeur qui les départage. Tous les juges & les miniftres de la Juftice font tenus de faire exécuter les jugemens de la Croifade.

C'eft la Croifade qui accorde la permiffion d'avoir un oratoire particulier, il lui eft recommandé d'être très-réfervée à cet égard & d'en envoyer l'état au Confeil des Indes.

Les officiers de la Croifade doivent l'alcabela.

Les bulles pour les Indes paffent d'abord au Confeil des Indes & à celui de la Croifade avant d'être envoyées aux Colonies.

L'auditeur qui eft au tribunal de la Croifade, peut voter à l'Audience royale lorfqu'on y traite quelque chofe qui peut avoir trait à la Croifade.

Je reviens aux détails qui peuvent appartenir encore à l'Audience royale.

Ce tribunal a des avocats qu'il examine & affermente préalablement. Ils jurent principalement de ne fe pas charger de caufes injuftes. Ils ont un banc dans l'auditoire où ils fe placent dans l'ordre de leur réception : ordre dont la loi les croit bien jaloux, puifqu'elle prononce la fufpenfion d'un an contre l'avocat qui prend la place d'un autre.

L'avocat est responsable envers son client du dol dont il le rend victime & il ne peut plus abandonner une cause quand il s'en est chargé. La violation du secret de son client le dépouillerait d'un titre que ce secret honore. Pour être mis à l'abri des plaintes de sa partie, elle doit lui écrire ou lui faire écrire un précis des faits de la cause. L'avocat signe les requêtes & ne peut donner plus de deux écrits dans une affaire, les autres sont rejettés comme nuls. Il doit, lorsque le procès est complettement conclu, le remettre pendant deux ou trois jours au procureur de la cause qui l'examine encore. Se répète-t-il dans un écrit ? il doit une amende de deux piastres-gourdes ; c'est la même chose s'il parle à l'Audience sans en avoir obtenu l'agrément, & s'il lui arrive de mentir. Il doit faire un extrait du procès, le signer & l'affirmer. Ses honoraires réglés par un tarif, sont toujours taxés par l'Audience lors même qu'il n'y a pas de condamnation de dépens, & le greffier est chargé de lui faire restituer aux parties ce qu'il a exigé de trop. L'un des avocats a le titre noble & touchant d'avocat des pauvres. Il a entr'autres devoirs celui d'assister chaque samedi à la visite des prisons, & il a une rétribution à cause de l'emploi de son tems sur le produit des amendes. Nul avocat ne peut être père, fils, beau-père, frère ou beau-frère du président, des auditeurs ou du fiscal, à peine d'une amende de mille castillans d'or.

L'Audience a aussi un receveur des amendes

appellées amendes de la chambre, de celles applicables soit aux dépenses de l'auditoire , soit aux frais judiciaires , soit à des aumônes légales. Le greffier est tenu de lui faire connaître celles que le tribunal a prononcées. A la fin de chaque année il en rend compte aux officiers du tréfor en préfence du fiscal, en envoye un double au Conseil des Indes , verfe fon reliqua au tréfor & prélève , fur ce qu'il reçoit, un droit de commiffion. Il donne une caution & en exige une, à fa fatisfaction, des receveurs particuliers qu'il choifit , à moins qu'il ne les laiffe suppléer par les greffiers des municipalités qui lui font paffer leur recette chaque mois. Il peut adreffer des exécutoires aux alcades & aux juges pour le recouvrement des amendes , fur le produit defquelles font affignées plufieurs dépenfes & notamment celle des forçats où condamnés à la chaîne publique.

Le préfident eft chargé de furveiller, d'une manière fpéciale , l'adminiftration de ce receveur , & fa négligence ferait le fujet d'un reproche lors de l'examen de la fienne.

Il y a auffi à l'Audience un taxateur & répartiteur des procès. C'eft un office qu'on afferme. Il y a un auditeur qui connaît, par femaine , des appels de cette taxe. Quant à la répartition, elle confifte à faire aux différens greffiers ou écrivains ordinaires la diftribution des caufes ; il n'eft pas néceffaire que cette diftribution ait un effet égal quant au lucre, d'autant que certaines affaires font confidérées comme des fuites & des conféquences d'autres affaires déjà dévolues à un écrivain.

Il y aussi des procureurs de l'Audience, ils sont nommés par le roi & examinés par le tribunal où ils ont un banc dans lesquels les greffiers des autres tribunaux ont le droit de s'asseoir. La signature d'un avocat leur est nécessaire, si ce n'est dans les procès par défaut & pour conclure. Un usage singulier, c'est qu'ils sont tenus de remettre au greffier l'argent qu'ils reçoivent de la partie, & que c'est le greffier qui paye chaque officier qui a à recevoir, en tenant un registre qu'il présente tous les mois à l'auditeur qui se trouve alors de semaine. Un procureur ne peut agir sans pouvoir de son client.

L'Audience choisit aussi des interprètes dont elle reçoit le serment & qui lui servent dans les circonstances où leur ministère est utile, & on leur paye alors des honoraires.

Un huissier garde la porte de l'Audience royale & maintient, dans l'auditoire, l'ordre & le silence.

Il est bon de dire que les officiers de l'Audience, à partir des rapporteurs, sont justiciables des tribunaux ordinaires, s'il ne s'agit pas de l'exercice de leurs fonctions pour lesquelles ils ne dépendent que de l'Audience.

Il est encore une espèce de tribunal, créé le 16 Avril 1550 dans les Indes, qu'on peut considérer comme une dépendance de l'Audience, puisqu'il a un de ses auditeurs pour juge. Au commencement de l'année, le président nomme en effet un auditeur qui, pendant deux ans juge, fait recouvrer, administrer, affermer & vendre les biens & les affaires

des fuccessions vacantes, même celles des eccléfiaftiques & des foldats morts inteftats & dont les héritiers
font abfens, & il peut révoquer ce choix dès qu'il
le veut, avec ou fans motif. Ce *Juge des biens des
défunts*, comme on l'appelle, eft chargé de ce qui a
trait à leur adminiftration pour laquelle il nomme
des commiffaires qui fourniffent caution. Il a de plus
une infpection fur la geftion & la conduite des exécuteurs teftamentaires. Dans tous les cas l'on peut
appeller de fes jugemens à l'Audience royale, mais
fans autre recours après.

Toutes les juftices du reffort reconnaiffent les mandemens de cet auditeur, & c'eft à ces juftices qu'il
donne le foin de recouvrer ce qui eft dû dans leur
reffort. Si elles étaient négligentes, il pourrait, après
avoir confulté l'Audience, envoyer une perfonne
pour faire le recouvrement aux dépens de ceux qui
auraient rendu cette mefure néceffaire & l'Audience
taxe cet envoyé extraordinaire.

Si l'auditeur, juge général des biens vacans, excède
fa compétence, dans laquelle le préfident & l'Audience
doivent empêcher qu'il ne foit troublé, le fifcal pour
l'intérêt public appelle de fa décifion. Il doit juger
fommairement ; il a un greffier particulier & un
dépofitaire général des fonds auquel eft allouée une
commiffion de trois pour cent.

L'auditeur demeure refponfable de ce qu'il fait
payer mal-à-propos & fes ordonnances de payement
font contrefignées par le greffier. Il peut exiger,
quand il le veut, des renfeignemens, des détails & des

bref-états de tous ceux qui ont part à l'administration des biens des défunts, & quant aux commissaires & aux autres personnes qui lui doivent des comptes détaillés de gestion, ces comptes sont rendus à l'auditeur, réuni alors aux officiers royaux ou du trésor public. Ces derniers tiennent, ainsi que le dépositaire général, un registre de la nomination des commissaires & dans le cas de retard dans la reddition des comptes, ils provoquent le juge contre ces commissaires qui sont rigoureusement poursuivis.

Il y a une caisse particulière des biens des défunts qui est mise dans le même lieu que les caisses royales. Et cette caisse ainsi que le compte qui doit en être rendu en particulier, sont à la charge des officiers du domaine ou trésor, qui fournissent une caution spéciale de cet objet.

Les inventaires des biens des successions dans les lieux où ne réside pas le juge général, & où il n'y a pas de préposés nommés par lui pour recouvrer, sont faits par la justice du lieu, qui en adresse l'expédition au juge général & aux officiers royaux, & si l'inventaire est inexact, cette justice encoure la peine du quadruple de ce qui a été omis.

Les officiers du trésor doivent exiger, au moins une fois par an, compte de tout détenteur, fermier, administrateur & receveur des biens des défunts, & faire poursuivre, à la requête du fiscal, ceux qui en auront diverti ou détournés. Chaque année, le compte général de ces officiers, est envoyé au Conseil des-Indes, signé d'eux, du juge auditeur & du greffier, & il contient tous les détails propres à faire connaître la nature & l'adminiſtration de chaque ſucceſſion, & à faire diſtinguer les ſucceſſions dont les héritiers ſont connus, d'avec celles qui ſont abſolument vacantes. Annuellement auſſi, le reliqua doit être tenu aux ordres du Conſeil, qui d'ordinaire le fait adreſſer à la chambre de contractation de Cadix, & le préſident qui doit veiller à l'envoi des comptes, & les officiers royaux qui doivent exiger ces comptes des adminiſtrateurs, ne peuvent être payés de leurs appointemens s'ils n'ont pas rempli leurs obligations en ce point.

Quand un auditeur ſuccède à un autre, dans la place de juge des biens des défunts, l'ancien rend compte à l'autre de la ſituation de ces biens & de l'état des procès qui en dépendent, & en inſtruit également le préſident. Celui-ci nomme une perſonne, ou aſſiſte lui-même alors à la vérification que l'on fait de la caiſſe.

Aucun détenteur ni exécuteur teſtamentaire, dans les ſucceſſions dont les héritiers ne ſont pas préſens, ne peut s'embarquer pour ſortir de la colonie, ſans rendre ſon compte, à peine de confiſcation de ſes biens, dont moitié pour le fiſc & l'autre moitié pour les héritiers du défunt ; & il eſt expreſſément recommandé aux juſtices des différens ports, de prendre le ſerment de tous ceux qui en ſortent, qu'ils n'ont aucune adminiſtration de biens des défunts, & de s'oppoſer au paſſage de ceux qui, devant un compte, ne l'ont pas rendu, à peine d'être reſponfables du reliqua. Le préfident & l'Audience ne donnent point de permiffion pour venir en Efpagne, fans un certificat de la juftice du lieu du domicile, qui attefte qu'on ne doit rien aux biens des défunts.

Pour mieux faire connaître encore cette adminiftration, l'auditeur eft tenu d'en adreffer au Roi, chaque année, un détail circonftancié, & il complète ce détail, lorfqu'il fort d'exercice, pour le tems qui s'eft écoulé depuis fon dernier compte rendu.

Tous les ans les notaires adreffent au greffier de ville de leur réfidence des expéditions des teftamens pour être envoyés à l'auditeur.

S'il y a du doute pour favoir fi une fucceffion *ab inteftat* eft avec ou fans héritiers, c'eft l'auditeur qui doit juger; s'il y a des héritiers connus c'eft au juge ordinaire à prononcer. Mais dans cette dernière hypothèfe, comme dans celle où l'on trouverait un écrit fouffeing privé en forme de teftament, fufceptible d'être prouvé par témoins, ce qui amènerait encore la compétence du juge ordinaire, la loi veut que ce que décidera ce juge, foit foumis à l'Audience royale, lors même que perfonne n'en aura interjetté appel. La plus grande précaution eft recommandée pour ne délivrer les fucceffions qu'aux vrais héritiers ou à leurs vrais mandataires & pour être en garde contre les déclarations de ceux qui ne font pas regnicoles ou que les loix excluent de l'hérédité.

Les exécuteurs teftamentaires tenus par le teftament de faire la remife des biens aux héritiers ou à d'autres

perſonnes réſidant en Eſpagne, ſont tenus de l'effec-
tuer dans l'année, de charger ſur un bâtiment de
regiſtre à la conſignation de la maiſon de contraƈtation de Cadix avec l'inventaire & les autres
renſeignemens, & après l'année expirée, ils ſont
tenus de rendre leurs comptes & de tout remettre
aux officiers royaux pour l'envoyer, à moins que le
teſtateur n'ait fait une diſpoſition contràire.

Quand il s'agit de ſucceſſions *ab inteſtat*, l'auditeur & les officiers du tréſor envoyent les biens
aux héritiers qui ſont en Eſpagne en argent, ou
en cuir & en ſucre, dit, pour St-Domingue, une
loi du 17 Juin 1563, & toujours à la conſignation de la maiſon de contraƈtation, ce qui a
lieu auſſi pour les ſucceſſions abſolument vacantes,
c'eſt-à-dire, ſans héritiers connus. Si une ſucceſſion
a des dettes, mais un excédant diſponible, cet
excédant eſt proviſoirement envoyé.

L'auditeur aſſiſte gratuitement aux inventaires &
aux ventes. Les exécuteurs teſtamentaires ne peuvent
faire vendre que publiquement en préſence de l'auditeur, ou des juſtices dans les autres lieux, à moins
que le teſtateur n'en ait autrement ordonné. Mais
toutes les ventes doivent être précédées d'une eſti-
mation par gens connaiſſeurs & bien famés.

Enfin toute cette adminiſtration eſt ſoumiſe à la
ſurveillance du préſident & de l'Audience royale
qui conſacre un jour de chaque ſemaine aux affaires
des biens des défunts.

Ceux de mes leƈteurs qui ſont familiariſés avec

les loix coloniales françaises, ne manqueront pas de remarquer combien celles-ci ont emprunté de choses de la jurisprudence espagnole par rapport aux successions vacantes & particulièrement l'édit du 24 Novembre 1781.

Parmi les articles où j'ai encore à parler du président, de l'Audience royale & même de l'archevêque, celui des préséances & des cérémonies publiques se présente le premier.

L'archevêque a un siège particulier dans l'église & un dais suivant l'usage romain, mais il lui est défendu de s'en faire porter un le jour de sa réception.

Les auditeurs, le fiscal & les autres officiers du corps de l'Audience, doivent accompagner le président à la messe les trois fêtes de Pâques, les jours de Fête-Dieu, le jour de l'Assomption & de la fête du patron de la cathédrale & dans les autres fêtes & occasions appellées *de coutume*, telles que la Chandeleur, le Mercredi des Cendres, le jour des bulles de la Croisade, le Vendredi-Saint &c., où le président est tenu d'assister exactement ou de faire avertir l'archevêque s'il ne le peut pas.

Le plus ancien auditeur marche à la gauche du président, & au moment où il arrive en face de la place de celui-ci, il lui fait la *courtoisie & révérence due*, à laquelle le président répond par *un accueil gracieux*, & lorsqu'il s'en retourne on le conduit jusqu'à la porte de son appartement. Le président est reçu au-dehors de l'Église par quatre où six chanoines, lors même qu'il est seul, & cet honneur est pareillement rendu à l'Audience; à la porte un chanoine où le chapelain de l'Audience présente l'eau - bénite au président & à l'Audience.

Lors de l'aspersion de l'eau-bénite elle est présentée d'abord à l'archevêque & au clergé puis au président & à l'Audience. Le président est encensé. Si le président n'assiste pas à la cérémonie, les honneurs qui lui appartiennent sont rendus au plus ancien auditeur, pourvu que l'Audience y soit en corps.

Lorsque l'archevêque est dans sa grande chapelle, il a la paix avant le président, mais s'il est au chœur, il part en même-tems deux porte-paix ecclésiastiques, dont l'un va à l'archevêque & l'autre au président. Si le président est seul, la paix lui est portée par le maître des cérémonies & si l'Audience se trouve sans le président, l'Audience en corps reçoit la paix; & la règle est que quiconque baise la paix fait ensuite la *courtoisie* ou révérence.

Le président & l'Audience ont des siéges à l'église. Celui du président est plus élevé. L'Audience n'y doit point aller en corps les jours qui ne sont pas fêtes de *coutume*. Nul autre que ces personnes & l'archevêque ou des hommes titrés ne peuvent avoir de siéges dans l'église; les habitans notables ne peuvent y être que sur des bancs.

Dans ces actes religieux & dans d'autres circonstances publiques, l'Audience n'est pas censée présente comme tribunal en fonctions. Aussi s'il arrive que le président ou le plus ancien auditeur ait à y parler à un chanoine pour quelque chose qui intéresse le gouvernement, il doit l'appeler, se découvrir & causer avec lui & ne pas l'appeler *vous*. Personne ne peut s'asseoir avec l'Audience lorsqu'elle est en corps, ce que ne produit pas une réunion fortuite d'auditeurs & du fiscal.

Les épouses du président, des auditeurs & du fiscal, ont, en dehors des marches de l'autel de la grande chapelle, des bancs pour elles, pour les femmes qui habitent avec elles, ou pour celles considérables qui les accompagnent; mais on ne leur doit aucun honneur particulier.

Aux processions & aux actes ecclésiastiques, l'archevêque marche d'abord, puis le clergé derrière le célébrant, & immédiatement après, vient le président à la tête de l'Audience, de manière que le prélat ne puisse pas s'incorporer avec l'Audience. S'il arrive cependant que dans des cas particuliers, l'archevêque & le président doivent paraître ensemble, le président a la droite comme représentant la personne du roi.

Dans les fêtes publiques relatives à la famille royale, le Corps-de-Ville marche le premier, l'Audience après & seulement entre eux, le contador & le lieutenant du grand-chancelier. Si le chapitre doit être à la cérémonie, il précède le Corps-de-Ville.

Dans les cérémonies publiques séculières, où le président & l'Audience vont en corps avec le fiscal & l'alguasil major, le contador suit, puis le lieutenant du grand-chancelier, la justice du lieu, les

autres

autres miniftres inférieurs de juftice, les habitans, & enfin le Corps-de-Ville.

L'archevêque fe fait porter la queue aux proceffions, quoique le préfident y affifte ; mais il n'a alors que fon caudataire. S'il va chez le préfident, fon domeftique lui porte la queue jufqu'à la porte de l'appartement. Si l'archevêque officie, il peut avoir auprès de lui fon caudataire, le maître des cérémonies & fon chapelain. Il a auffi ces trois perfonnes à la proceffion, fi le préfident & l'Audience n'y affiftent point. Les chanoines ne peuvent pas avoir un parafol aux proceffions où fe trouve l'Audience.

S'il s'élève des doutes fur un article de cérémonial entre le préfident & l'Audience, ils doivent en délibérer & régler provifoirement ce qui s'obfervera jufqu'à ce que le Confeil des Indes ait fait ftatuer par le roi.

Les archevêques de San-Domingo ont prétendu plufieurs fois que leur juridiction s'étendait fur toute l'île, & l'on en a même vu marier de leurs prétendues ouailles, venues exprès pour implorer leur bienveillance archiépifcopale, ou leur conférer les ordres ; mais ces actes ont toujours été annullés par les cours fupérieures de la colonie françaife, & il eft décidé, depuis très-long-tems, que nul prélat efpagnol ne peut faire des fonctions eccléfiaftiques quelconques dans la colonie françaife, s'il n'a antérieurement figné une déclaration formelle, que ce n'eft point à titre de jurifdiction.

Dans les *juntes* ou affemblées du tréfor public, où

concourent le président, un auditeur, le fiscal, le contador & les officiers royaux, ils y assistent dans l'ordre où je viens de les nommer.

Le président parlant aux auditeurs & au fiscal présens, doit dire, *votre grace* (merced), & quand il parle d'eux en leur absence, *seigneur* (sēnor), & en tout les traiter comme des collègues; quant à eux, ils doivent le traiter comme un père & un chef, de manière qu'ils ajoutent par leurs défé-rences réciproques à la considération les uns des autres. Le président doit écrire par lettres aux audi-teurs, & non par patentes au nom du roi. Si le pré-sident écrit à l'Audience en corps, il la traite de *seigneurie* (sēnoria), & elle lui rend la pareille. Quiconque parle ou écrit au président, le traite *d'excellence*.

Les lettres-patentes royales se servent de *vous*, même en s'adressant au président & à l'Audience. Il est prescrit à l'un & à l'autre & aux auditeurs, d'em-ployer, avec les hommes titrés, les égards & le style des chancelleries royales de Valladolid & de Grenade.

Si l'Audience donne un mandement à l'auditeur juge de province, elle se sert du *vous* comme envers un juge inférieur.

Quand il y a aux processions assez d'auditeurs pour aller deux à deux, sans qu'il en reste un avec lequel le fiscal puisse marcher, celui-ci va à la droite de l'alguasil major; si le fiscal marche avec un auditeur, l'alguasil major marche en avant & jamais à côté d'un auditeur.

S'il vient un visiteur général (j'en parle ailleurs), le président le précède. S'il est membre du Conseil des Indes, il est sur un siége à la gauche du président. Celui-ci absent, le visiteur est précédé par l'ancien auditeur, & s'il se présente aux salles de l'Audience royale & que le président & l'ancien auditeur n'y soient pas, il se place au milieu des autres auditeurs.

Tout juge chargé d'une commission, s'il n'est pas auditeur, alcade, fiscal, ou membre du corps de l'Audience, ne peut avoir un siége.

Les magistrats & officiers quelconques, qui ont obtenu l'honoraire, conservent leur ancienneté & leur rang, mais pas le décanat.

Aux assemblées des Corps-de-ville; ceux qui n'en font pas membres ne doivent pas s'y trouver, à peine de cinq piastres gourdes d'amende. Aux marches les alcades ordinaires vont d'abord, & s'ils n'y sont pas, c'est le plus ancien municipal (régidor), qui précède les alguasils majors & officiers royaux. Les corps-de-ville des lieux principaux ont le droit d'avoir des massiers, & dans leurs visites au président, il doit leur faire un très-favorable accueil. Il est défendu aux municipalités de couvrir, ni en velours, ni autrement, les bancs à dossier placés dans les églises pour leurs assemblées.

Si quelque pièce doit être signée du président, des auditeurs & des officiers du trésor, ils le font dans l'ordre où je les nomme, mais sur la même ligne.

Quand il y a une assemblée à l'Audience royale,

où l'on doit traiter des objets de finance , les officiers du fisc y ont un banc dans l'intérieur , contigu à celui du fiscal ; le contador est assis entre le fiscal & eux , les titulaires précédant les intérimaires.

Le président & les auditeurs ne peuvent jamais aller en corps à aucun mariage ni enterrement. Seulement à la mort d'un auditeur , du fiscal , de l'alguasil major , ou de leurs femmes , le président marche d'abord , ayant le doyen des auditeurs à sa droite , & le veuf , s'il y en a un , à sa gauche ; les enfans sont entre les auditeurs , & arrivé à l'église , les enfans sont sur un banc à part avec le reste des parens. Dans tout autre cas , le président & les auditeurs ne peuvent aller que comme particuliers.

Enfin quant au style épistolaire ou verbal , aux qualifications dans les actes , aux armoiries & aux marques extérieures de dignité , les loix ordonnent à chacun de se conformer exactement au style des chancelleries de Valladolid & de Grenade , & aux pragmatiques royales. Mais c'est assez parler de ces orgueilleuses misères que personne ne fait priser comme un espagnol. Passons maintenant aux corps-de-ville ou municipalités , qui offrent un double intérêt , puisqu'on y trouve & les juges ordinaires & les officiers de la police.

Lorsqu'il est question de savoir si un établissement de bourg prendra le titre de ville ou de cité , c'est au Conseil des Indes seul qu'il appartient de décider. La ville n'est au-dessus du bourg que parce qu'elle a plus d'importance , mais la cité a l'avantage particulier que lorfqu'il y exifte un alcade major, efpèce de gouverneur dont la juridiction s'étend fort loin, comme celui de St-Yago, le feul qui foit à Saint-Domingue, la police de la cité lui eft interdite, & qu'elle eft dévolue au corps-de-ville. Les cités de la Métropole ont, je l'ai déja dit, un privilége de plus, c'eft d'envoyer un député aux *Cortez*.

La municipalité ne peut s'affembler qu'à la Maifon-de-ville, & s'il y a des affemblées extraordinaires, ce qui ne peut avoir lieu que dans une néceffité urgente, le greffier doit faire convoquer tous les membres par l'huiffier ou portier. Perfonne n'entre avec des armes dans l'hôtel-de-ville, s'il n'en a le droit par fa place. La loi prefcrit impérieufement la plus grande liberté dans les élections & dans les délibérations, & pour que tout concoure à la maintenir, nul ne peut être réélu à une place municipale, qu'après deux ans d'inter-valle; & même pour qu'un alcade le redevienne de nouveau, il faut trois ans.

On tient un regiftre des délibérations, les cédules & lettres-patentes du roi, concernant la ville, y font tranfcrites, & l'original eft gardé dans le dépôt avec toutes les inftructions relatives à l'intérèt & au bon ordre du lieu. Les lettres du préfident & des magiftrats y font également confervées.

Il y a dans les élections de chaque corps-de-ville deux alcades ordinaires; douze échevins (Régidors) dans les grandes cités ou villes & pas plus de fix dans les autres. Les alcades ordinaires & l'échevin que le corps-de-ville commet chaque année, pour taxer les subsistances, ne peuvent être pris parmi eux qui en font le commerce. Les corps-de-ville ont la police municipale, ils font visiter les boutiques & les marchés, ils commettent des étalonneurs pour les poids & mesures, veillent au bon ordre des auberges &c. S'il y a un Alferez royal (porte-étendard) il est réputé premier échevin.

Chaque cité ou ville peut avoir des procureurs agissant en son nom & stipulant ses intérêts au Conseil des Indes, à l'Audience, dans les autres tribunaux. Ils sont choisis par les seuls échevins. Une cité peut encore avoir pour Agent à la Cour d'Espagne quelqu'un à qui elle envoye ses pouvoirs, pourvu qu'il ne soit parent d'aucun auditeur ni du fiscal de l'Audience ; cependant s'il s'offroit un cas très-urgent, le président pourrait permettre l'envoi d'un représentant ou procureur, mais s'il étoit jugé inutile, ceux qui l'auraient envoyé en supporteraient personnellement la dépense.

La fonction des alcades ordinaires est de connaître, en première instance, au civil & au criminel, de toutes les causes, avec appel à l'Audience royale. Pour être éligible comme alcade d'un lieu, il faut y résider & y être établi d'une manière décente. Les alcades sont nommés pour deux ans ; leur élection doit être préalablement confirmée par le président ou par l'ancien auditeur, s'il le remplace, lorsqu'elle a eu lieu dans la ville de leur résidence ou dans la circonférence de cinq lieues.

Les alcades ordinaires ne peuvent se mêler en rien

des matières de gouvernement, ni de la taxe des marchandises. Lorsqu'un des alcades meurt ou s'absente, le plus ancien échevin le supplée jusqu'à la nouvelle élection. Les alcades ont voix à la municipalité, & c'est à l'hôtel-de-ville qu'ils doivent tenir leurs audiences. Si l'audience royale confirme les jugemens des alcades ordinaires, elle doit leur en renvoyer l'exécution. C'est la juridiction de ces alcades qu'on appelle du nom générique de *justice*.

On ne peut pas traduire à l'Audience royale, en première instance, un alcade, un échevin & un greffier, si ce n'est en matière criminelle. Dans les procès civils, un alcade juge l'autre, & l'échevin ou le greffier est jugé comme un autre citoyen.

Les justices ordinaires sont subordonnées à l'Audience, & si elles refusent d'en exécuter les mandemens, celle-ci envoye, à leurs dépens, des exécuteurs ou perquisiteurs, & elle reste exclusivement juge des suites de leurs opérations.

Les Alcades nomment des Alguasils; & les Alguasils-majors des villes se nomment des lieutenans, puis des Alguasils de la campagne & des Alcades des prisons. On peut voir pour ces Alguasils-majors & ceux nommés par eux, ce que j'ai dit de l'Alguasil-major de l'Audience royale, car il n'y a de différence que dans la prééminence de celui-ci.

Les Justices ordinaires ne reçoivent aucune demande ni réclamation dont la valeur est au-dessous de vingt piastres-gourdes. Toute condamnation prononcée par elles, ou par la ville, ou par l'échevin chargé des taxes & de la police qui n'excède pas six piastres-gourdes est exécutoire par provision.

A présent que nous avons vu quel est le premier degré de jurisdiction dans les causes ordinaires, passons à ce qui tient à l'appel soit des justices ordinaires, soit des juges de commission.

Au-dessous de cent piastres-gourdes l'appel des jugemens des justices ordinaires est porté au corps-de-ville ainsi que celui des jugemens de l'échevin de police au-dessous de trente ducats. Les condamnations des hôtels-de-ville sont exécutoires jusqu'à concurrence de cent gourdes.

L'Audience royale reçoit tous les autres appels des justices ordinaires & des juges de commission. Elle reçoit aussi ceux des décisions du président en matière de gouvernement, mais en séance secrète & s'il n'est pas juge exclusif par une attribution particulière.

Après que la voie de l'appel à l'Audience a été épuisée, il reste encore celle de la *Supplication* au Conseil des Indes qui est une véritable demande en cassation.

Sur l'appel des sentences des alcades ordinaires de la ville de Santo-Domingo, si le jugement de l'Audience est au-dessous de deux cens piastres-gourdes, il n'y a pas lieu à la supplication.

Lorsque le Conseil des Indes reçoit la supplication, il renvoye à l'Audience pour prononcer en révision.

Après le nouveau jugement, il peut y avoir lieu à une seconde supplication, si l'objet est de plus de

deux

deux-mille livres de France & s'il ne s'agit pas du jugement rendu fur l'appel d'une fentence de la juftice ordinaire. Mais lors même qu'on peut recourir à la feconde fupplication, le jugement de révifion eft exécutoire par provifion, en donnant une caution; & s'il s'agit de poffeffion, il n'y a point de fupplication, quoique le fecond jugement diffère du premier.

Dans les cas où l'on recoure à la fupplication, l'envoi de la procédure au Confeil des Indes eft fait en original & il en refte une expédition en bonne forme à l'Audience. On a, à St-Domingue, un an pour fe pourvoir en feconde fupplication.

Comme il aurait été poffible qu'un homme riche déclarât qu'il fe pourvoyait en feconde fupplication, pour enchaîner fa partie adverfe fi elle était pauvre & hors d'état de donner une caution, la loi veut qu'alors, fur la preuve de la pauvreté, faite à la requête du fifcal, on ne foit tenu de donner qu'une caution juratoire.

Au Confeil des Indes, il faut au moins cinq juges pour prononcer fur une feconde fupplication. Le roi les choifit. S'il vient à en manquer un, les quatre autres prononcent. S'il en manque deux, le roi les remplace. On examine d'abord au Confeil fi la fupplication eft redevable ou non & fi elle l'eft, il prononce fur le principal, & alors il n'exifte plus de recours contre le jugement du Confeil.

Si le Confeil confirme le jugement rendu par l'Audience fur la révifion, il y a mille ducats d'amende applicables , un tiers au fisc , un tiers à la partie adverse & l'autre tiers aux juges en révision. Si le Conseil s'est contenté de dire qu'il n'y avait pas lieu d'admettre la supplication , l'amende n'est que de quatre cens ducats , moitié pour le fisc , moitié pour la partie adverse. L'Audience peut recevoir & appuyer la preuve de la fin de non recevoir lorsqu'on s'est pourvu en seconde supplication , mais il lui est défendu de statuer sur cette fin de non recevoir.

La seconde supplication a aussi lieu pour les jugemens rendus sur les comptes par les contadors, & dans tous les cas le Conseil des Indes ne peut juger que sur les seules pièces du procès envoyées des colonies.

Achevons de placer ici tout ce qui est encore lié à la partie judiciaire ou qui la concerne.

Aux Indes espagnoles, comme dans la Métropole, il y a une multitude d'écrivains avec diverses épithètes ; ce terme génériquement pris, signifie tout-à-la-fois greffier & notaire, parce que ces fonctions sont toujours cumulées , & que dans un pays où l'on accorde une grande latitude & une grande faveur à la preuve testimoniale & où ce sont les écrivains qui reçoivent les témoignages , excepté dans les cas rares où il y a des enquêteurs, ils doivent être très-nombreux. Ce sont eux aussi qui font les notifications de certains actes ou de certaines pièces au président, à l'Audience , aux juges &c.

Les écrivains , greffiers-notaires des Colonies

font tous nommés par le roi, examinés & reçus par l'Audience. Nul écrivain royal ne peut exercer s'il n'a préfenté fes titres à la juftice ordinaire, & au corps-de-ville du lieu où il veut réfider, & le greffier ou écrivain de ville en tient regiftre.

Tout écrivain doit avoir un répertoire côté & paraphé, former des liaffes annuelles de fes actes, fe conformer au tarif & travailler gratis pour le roi & pour les objets d'intérêt public. S'il s'abfente pour un long voyage, il doit remettre fes actes au greffe de la ville. Les minutes d'un notaire paffent à fon fucceffeur & ne reftent point à fa famille. S'il y a eu un intérimaire, l'Audience lui règle une indemnité pour le tems qu'il a excercé.

Il y a des écrivains de chambre, (de camera) qui font, à proprement parler, les greffiers ; des écrivains de gouvernement que ce mot défigne affez & dont j'ai parlé ailleurs, parce qu'à Santo-Domingo le greffier de l'Audience eft auffi écrivain ou fecretaire du gouvernement ; des écrivains royaux qui inftrumentent par-tout ; des écrivains de ville (de cabildo) qui ne peuvent connaître que des objets relatifs aux affaires de la municipalité dont ils font auffi les greffiers ; des greffiers de nombre (de numero) qui ne different des écrivains royaux qu'en ce que leur territoire eft limité ; des écrivains eccléfiaftiques ; des écrivains de la Croifade, ou des biens des défunts ; & ces emplois d'écrivains, greffiers & notaires font prefque tous compatibles les uns avec les autres.

Dans toutes les cités, villes & bourgs, il y a des prifons où les hommes & les femmes font mis féparément, & où il y a, autant qu'il eft poffible, une chapelle décente & même un chapelain particulier. L'alcade de prifon ou geolier, fournit une caution fixée par l'Audience, afin de répondre des prifonniers qui s'échappent. L'alcade du lieu où réfide l'Audience, prête fon ferment à ce tribunal, les autres aux municipalités. Il eft obligé d'avoir un regiftre pour les écrous, tenu par un greffier des prifons, de fe conformer au tarif, de ne point confier fes clefs à des nègres, d'habiter dans la prifon, & de la vifiter la nuit.

Les prifons doivent être difpofées de manière que les individus puiffent y être placés felon leur qualité. Elles font vifitées, tous les famedis, par un échevin ou municipal, & par la juftice ordinaire. Deux auditeurs choifis par le préfident, les vifitent auffi le famedi après-midi, en préfence du fifcal, des alcades ordinaires, de l'avocat des pauvres, fuivis des alguafils & de l'écrivain ou greffier des prifons; quelquefois les deux auditeurs y vont auffi le mardi & le jeudi. La veille de Noël, de Pâques & de la Pentecôte, le préfident, avec tous les auditeurs, précédés du fifcal & des juftices, s'y rendent pour les vifiter.

Les pauvres ne peuvent être retenus pour frais de prifon, non plus que ceux qui ont éprouvé une peine corporelle ou les bannis. Les perfonnes prifonnières par l'ordre du préfident ou de l'ancien auditeur qui le remplace, ne peuvent être mifes en liberté, fans en avoir délibéré avec eux ; c'est la même chose pour les prisonniers débiteurs envers le trésor , par rapport auxquels on doit délibérer avec ceux qui les ont fait arrêter ; quant aux prisonniers pour amendes de police , ils sont élargis en la consignant.

Les peines des crimes & délits sont les mêmes qu'en Espagne, avec cette seule différence, que les peines pécuniaires sont du double.

Par rapport au payement des dettes, la jurisprudence espagnole employe les mêmes moyens que la nôtre, c'est-à-dire, les différentes saisies ; mais pour favoriser la culture des sucreries, la loi a mis des limitations à l'exercice de la saisie, lorsqu'il est question de ce genre de manufactures. Il est défendu de saisir les esclaves & les instrumens des sucreries, si ce n'est pour dette envers le roi ; le propriétaire ne peut renoncer à ce privilége, & il est défendu aux écrivains de stipuler cette rénonciation. Cependant si la dette monte à la valeur de la manufacture, & que le propriétaire n'ait pas d'autre bien, il est permis de saisir la sucrerie, mais en entier.

Il est tems que nous parlions des finances & de tout ce qui en dépend, comme revenus publics, droits, taxes, offices sujets à vénalité, &c.

A St-Domingue espagnol, l'administration des finances est confiée à un contador, à un agent & à un trésorier. Ces trois personnes forment un tribunal de la caisse royale ou du trésor public, sous le nom d'officiers royaux. C'est donc de ces trois individus pris collectivement que je parle, lorsque je dis *les officiers royaux* ; les *officiers du domaine* , les *officiers du fisc* ou les *officiers du trésor public* , dénominations qui leur conviennent toutes , parce qu'elles expriment leurs fonctions ou en totalité ou en partie. Le préfident doit protéger l'exécution des jugemens du tribunal qui eft remife aux alguafils ordinaires ; car ce tribunal n'en a point à lui. Quelquefois le préfident eft furintendant des finances , & il en prend alors la qualité.

Aucun des officiers royaux ne peut s'abfenter fans une permiffion du roi , & le préfident pourvoit à fon interim. Il y a chaque femaine , à l'Audience royale , une féance du foir où fe réuniffent le préfident , le doyen & un autre auditeur , le fifcal & les officiers royaux , pour délibérer fur ce qui peut intéreffer le fifc , & où chacun de fes affiftans a voix délibérative. S'il arrive une dépêche adreffée au préfident & aux officiers royaux , ils l'ouvrent étant réunis. Les officiers royaux de Santo-Domingo , rendent en ce moment leurs comptes à un contador établi à la Havane. Il y a trois clefs du tréfor , depuis qu'en 1508 , Bernardin de Ste-Claire , tréforier , fut trouvé reliquataire de foixante mille piaftres gourdes. Le préfident a toujours une de ces clefs , le contador une autre , & le tréforier la troifième ; & à la porte du lieu où la caiffe eft placée , font trois cadenats , dont les clefs font diftribuées de même. Si l'une des trois perfonnes eft malade , elle remet la clef à la plus ancienne des deux autres pour qu'on puiffe ouvrir la caiffe , ce qui a lieu une fois par femaine , afin de ayer & de recevoir. Le préfident peut ordonner la vifite de la caiffe lorfqu'il le juge à propos. On tient plufieurs livres-fuivant la nature des recettes & des dépenfes. Si les officiers royaux font d'avis différens, ils appellent le préfident lorfqu'il eft furintendant, ou le doyen des auditeurs.

C'eft auffi dans la caiffe royale qu'on place un coffre où-font les marques & poinçons qu'on ne peut retirer qu'en préfence des officiers royaux.

Chaque auditeur eft tenu d'affifter, à fon tour, pendant fix mois, aux ventes qui fe font pour l'intérêt du fifc. Tout ce qui le touche doit être promptement décidé dans les tribunaux, & le préfident pourrait punir, fur la réquifition du fifcal, même par la deftitution, ceux des officiers miniftériels qui en retarderaient la décifion. Le fifc ne paye aucun honoraire aux rapporteurs & aux greffiers, & quelqu'un qui eft fon débiteur, ne peut exercer les fonctions d'alcade ordinaire.

Les officiers royaux doivent rendre leur compte le fecond jour de chaque année. Ils vifitent les bâtimens à leur arrivée & à leur départ, même ceux du roi avec le fifcal, & ils y mettent des gardiens.

Voyons maintenant quels font les revenus publics de la colonie efpagnole de St-Domingue.

D'abord les dixmes & les prémices, puis les vaccances & les dépouilles, les bullés de la croifade, enfuite le droit d'Alcabéla, qui y eft actuellement de deux & demi pour cent. Ce droit extrêmement ancien, dont le nom eft même Arabe, a été établi en Efpagne, en 1342, du confentement des Cortez,

& appliqué aux Indes Espagnoles en 1574, en vertu d'une loi de 1558. Les ecclésiastiques en sont exempts pour leurs revenus propres, mais non pas s'ils possèdent d'autres biens. Les objets de la croisade, les métaux pour les monnoyes, les biens propres, les biens dotaux & ceux des partages entre cohéritiers, les armes, les livres en sont affranchis; mais l'huile, le vinaigre, les fruits, les viandes, le coton, le sucre, le miel, la laine, les peaux, l'indigo, le gingembre, le canifice, la salsepareille, la cire, les merceries, les toiles, les étoffes, la verrerie, la fayancerie, les tapisseries, les ouvrages de main, le mercure, le plomb, le cuivre, les plumes, les perles, les pierres, les planches, bois, meubles, esclaves, maisons & terres, tout doit payer l'Alcabéla. Les officiers royaux nomment des receveurs dans les différens lieux, auxquels les notaires sont tenus de donner avis des ventes dont ils ont reçu l'acte.

Un autre droit c'est celui de demi-annate. Il est imposé sur tous les emplois non ecclésiastiques, nommés par le roi ou par d'autres pour lesquels on prête serment, & consiste dans la moitié de leur produit durant la première année. Il y a des préposés pour recevoir la demi-annate qui se verse au trésor public. Ce droit établi le 22 Mai 1631, à cause de la détresse des finances de l'Espagne avoit été augmenté le 6 Novembre 1642, d'une moitié en sus qui fut supprimée le 17 Janvier 1649. La demi-annate se paye, moitié au moment de la nomination & moitié dans le premier mois de la deuxième année.

Celui

Celui qui obtient un congé d'un an, paye le dixième du produit d'une année, le huitième si ce congé est pour deux ans, le quart pour quatre ans, & enfin la moitié s'il est pour un plus long-tems. Lorsque le gouvernement accorde une faveur on l'évalue, & on lui donne un produit fictif qui supporte la demi-annate. Les emplois perpétuels, établis depuis la creation de la demi-annate, y sont soumis.

Ce qui est chargé, ou déchargé dans l'île, par mer, paye deux & demi pour cent de droit d'entrée & de sortie, si ce sont des choses du crû des Indes, & dix pour cent, si elles leur sont étrangères, à l'exception des livres.

Les confiscations sont une autre branche fiscale. Tout ce qui a rapport à la contrebande est jugé par les officiers royaux dans leur ressort & par les justices ordinaires dans les autres lieux. Les appels des contrebandes sur mer, sont dévolues au Conseil des Indes, & les appels de celles de terre à l'Audience royale, excepté les introductions frauduleuses de nègres, dont l'appel est toujours reservé au Conseil. Il est févèrement interdit à l'Audience royale, de jamais évoquer à elle la connaissance d'un fait de contrebande. Quant à la contrebande de l'or & de l'argent, on admet les dénonciations secrètes.

Il y a ordinairement un droit sur les nègres qu'on introduit dans l'isle; mais je dirai comment il a été suspendu, afin de faciliter l'accroissement de la culture. Pour le débarquement des nègres, il faut toujours une permiffion des officiers royaux ou celle des juftices dans les autres lieux.

Le roi a encore le droit de naufrage, à titre de fouveraineté.

Une autre partie du revenu public eft dans le produit de la vente des offices d'alguafil major, d'écrivain de la chambre ou greffier de l'Audience royale ; d'écrivains du juge de province, du gouvernement, des municipalités, de nombre, des prifons, des biens des morts ; de ceux de receveur ordinaire de l'Audience, d'alguazil major des villes, de receveur des amendes, de taxateur & répartiteur.

L'acquéreur d'un de ces offices vénaux peut le réfigner quand il veut, mais à cette première réfignation on paye au fifc la moitié de la valeur du prix d'achat, & le tiers à chaque réfignation fubféquente. Pour que le droit du réfignant foit légalement tranfmis, il faut qu'il furvive vingt jours, & que celui en faveur duquel il réfigne, fe préfente & accepte dans foixante-dix jours, fans quoi l'office eft réputé vacant.

Soit qu'un de ces offices ait été ou vendu ou réfigné, le roi doit confirmer le nouveau pourvu, & s'il n'en rapporte pas la preuve dans cinq ans, l'office eft encore vendu & un tiers de fon prix appartient au fifc.

On connaît auffi, aux Indes efpagnoles, des offices perpétuels qui confiderés alors comme des immeubles font faififfables comme eux.

Il y a quelques objets dont la vente eſt excluſive & ne ſe fait que pour le compte du roi ou d'après un bail à ſon profit ; tels ſont le mercure, le ſel, les cartes à jouer, la cire à cacheter, le papier marqué qui eſt de différentes grandeurs & de divers prix, & dont chaque eſpèce eſt deſtinée à certains actes qui ſont frappés de nullité lorſqu'ils ſe trouvent écrits ſur du papier d'une autre eſpèce.

Il faut ajouter aux recettes publiques, le produit des amendes & le droit que doivent les choſes ſaiſies par autorité de juſtice, ſi la dette qui a cauſé la ſaiſie, n'eſt pas payée ſoixante-douze heures après quelle à été faite.

Enfin, le dernier droit de St. Domingue, eſt celui exigé du hattier eſpagnol, par tête d'animal qu'il vend aux françois, & qui ne peut paſſer librement aux frontières qu'en y juſtifiant de la permiſſion du préſident & de l'acquittement de ce droit.

La cour d'Eſpagne a accordé pluſieurs exemptions d'impôts aux nouveaux établiſſemens qu'on forme à St. Domingue. Cette faveur eſt dans les principes de cette cour qui commande au préſident, par toutes les loix des Indes, de préférer dans la conceſſion des terrains, les perſonnes qui peuvent former des établiſ-ſemens nouveaux.

Les conceſſions pour hattes ſont au premier rang, parce qu'elles ſont deſtinées à aſſurer la ſubſiſtance, & celles pour la culture ne ſont conſidérées que comme ſecondaires. Le préſident doit conſulter les munici-palités, relativement aux conceſſions, & celui qui ne prend pas possession du terrain, dans trois mois, perd son droit ; le terrain est donné à un autre.

Les pâturages, les montagnes & les eaux sont communes, en général, à une certaine distance des villes. Chaque hatte obtient une lieue de circonférence, si elle a deux mille têtes de bétail, une seconde lieue, s'il y en a six mille, & une troisième s'il s'en trouve dix mille ; personne ne peut avoir plus de ces trois lieues. Les fruits sauvages sont en commun. Les eaux qui peuvent être employées à l'arrosement sont du domaine public & c'est au président & à l'Audience à régler l'usage des choses communes.

Les mesures d'arpentage sont, à St. Domingue espagnol, la *Chevalerie*, la *Fanègue* & l'*Etendal**.

Le gouvernement s'est occupé aussi de quelques établissemens & de travaux publics dans les colonies Espagnoles. C'est à cette espèce de sollicitude que celle de St.-Domingue est redevable de l'université

---

* La chevalerie a quarante cordes ou vares *conuqueras* de long & trente de large ; & la vare *conuquera*, contient vingt-cinq vares castillanes de 31 pouces , 13/20 du pied françois. La chevalerie à donc 2637 pieds, 6 pouces de long , & 1978 pieds, 1 pouces, 6 lignes de large, ou 5,217,304 pieds, 8 pouces, 3 lignes superficiels, égaux à 144,925 toises carrées, 1 pied, 6 pouces, 6 lignes, & par conséquent à 42 quarreaux 13/22 (moins 82 pieds, 4/11) de St. Domingue françois.

La fanègue vaut 26,880 pieds de superficie ou 746 toises 2/3 carrés, équivalant à 11/50 (moins 70 pieds) d'un quarreau de St. Domingue françois.

L'étendal a 5 pieds de long , comme la brasse.

particulière établie à Santo-Domingo par Philippe IV. Elle est, comme je l'ai rapporté, dans le couvent des Dominicains, fondé par Charles V; les auditeurs & le fiscal ne peuvent pas en être recteurs.

Il y a aussi une imprimerie qui n'est guères employée qu'à l'impression des feuilles, rôles, états & autres objets du même genre pour les differentes parties de l'administration.

Il est défendu d'imprimer aux colonies aucun ouvrage qui les concerne, sans la permission du Conseil des Indes, & l'on sait assez qu'il n'a pas la maladie de la publicité. Dans la visite des navires, on recherche les livres proscrits par l'inquisition, & comme le couvent de St. Laurent-le-royal a le privilège exclusif, en Espagne, d'imprimer les livres d'église, le plus ancien auditeur est privativement chargé des causes & des procès que ce privilège peut faire naître dans l'isle. Si l'on imprimoit un ouvrage à St.-Domingue, il devroit en être remis vingt exemplaires au président pour être envoyés au Conseil des Indes & y être enfoüis comme tout ce qui arrive à cette destination.

A l'égard des travaux publics, si le président juge qu'un chemin, un pont, ou un autre ouvrage de cette nature, est nécessaire, il l'ordonne en faisant répartir la dépense entre ceux qui en profitent ou en sollicitant l'agrément du roi pour qu'il soit fait aux frais du trésor public. Si l'établissement doit avoir lieu dans l'endroit où réside l'Audience royale, le président, le doyen des auditeurs, la justice & le corps-de-ville se réunissent pour délibérer sur son utilité & concerter les moyens d'exécution. Dans les villes c'est un municipal qui est directeur des travaux publics, auxquels les vagabonds sont envoyés lorsque la police ne néglige pas ce devoir.

Nous avons à parler des médecins, des chirurgiens & des apothicaires. Les médecins sont de trois classes, savoir : les premiers médecins généraux, les premiers médecins non généraux, & les simples médecins. Un premier médecin général est celui que la cour d'Espagne envoye quelquefois dans les colonies avec la surintendance sur les autres, pour s'informer de tous les gens de l'art & même des curieux, quelles sont les plantes médecinales de la contrée, leur culture & leur usage ; pour faire à ce sujet toutes les expériences qui lui sont possibles, & envoyer en Espagne ceux de ces objets qui y manquent ou qui sont susceptibles d'y réussir, & enfin pour en écrire l'histoire naturelle. Si le premier médecin général doit résider, c'est au chef-lieu où est l'Audience royale, il peut alors y exercer sa profession à cinq lieues à la ronde sans étendre au-delà sa surintendance. Cependant s'il venait de plus loin des personnes pour se faire examiner par lui, il pourrait leur faire subir examen.

Un premier médecin non général, est celui qui est nommé par le roi & qui a l'inspection de la médecine, dans une certaine étendue de territoire, mais qui la perd lorsqu'il s'y trouve un premier médecin général,

Les médecins ordinaires & les autres ne peuvent

exercer, fans avoir communiqué leurs titres au préfident & à l'ancien auditeur, & fi, c'eft un médecin ordinaire fans avoir obtenu la permiffion du premier médecin. Les honoraires des médecins font taxés par l'Audience. Pour les examens & les vifites, les premiers médecins doivent fe conformer aux lois du royaume & ne jamais accorder de permiffion fans un examen perfonnel.

On ne peut être chirurgien fans avoir pris des degrés & avoir été examiné par le premier médecin ; c'eft la même chofe pour les apothicaires quant à l'examen.

Si le premier médecin fe trouve dans le cas de prononcer une peine contre quelqu'un, il doit être affifté ou d'un auditeur nommé par l'Audience, ou de la juftice ordinaire dans les autres lieux.

Le fifcal eft fpécialement chargé de veiller à l'exécution des loix pour tout ce qui concerne la médecine, la chirurgie & l'apothicairerie. Le préfident peut auffi faire vifiter, quand il le veut, les boutiques de drogues & faire jetter tout ce qui s'y trouve de mauvais.

Ces objets d'une police utile m'en rappellent de plus généraux que je crois devoir offrir au lecteur.

Le gouvernement Efpagnol qui a toujours eu l'opinion qu'il importoit à la converfation de fes colonies que l'entrée en fût extrêmement difficile aux étrangers, n'a pas trouvé de moyen plus fûr, pour la leur interdire, que de les fermer, en quelque forte, aux nationaux euxmêmes & de les affujétir à la néceffité de prendre des permiffions. C'eft d'après ce fyftème qu'on ne peut paffer d'Efpagne aux Indes Efpagnoles qu'avec une permission émanée du roi ou donnée par la maison de contractation, espèce de douane générale établie, en 1503, à Seville, seule ville qui put alors faire des armemens pour l'Amérique. Cette maison qui était aussi décorée du nom d'Audience royale, parce quelle étiat en outre un tribunal ayant un président, connoissoit de tous les objets quelconques du commerce des Indes Espagnoles, & avait, sur ce commerce, une inspection & une surveillance, dont les longs détails ne peuvent pas trouver place ici, & parce qu'ils sont étrangers à mon sujet & parce que depuis que le commerce des colonies a passé à Cadix & à d'autres ports d'Espagne, l'importance de la maison de contractation (des transactions commerciales) a tellement disparu, qu'elle n'a plus pour ainsi dire de rapport avec St.-Domingue que par l'administration des biens des défunts.

Ceux qui transportent aux colonies des personnes qui y vont sans permission, sont privés de leurs places, & il ne suffit pas d'être né aux Indes, pour être dispensé de cette permission. On n'en donne jamais aux nouveaux convertis, à des juifs, à leurs enfans, aux réconciliés, ni à leurs fils & petits fils, aux *san-benito*, ni aux hérétiques. La même interdiction a lieu pour les esclaves, & pour les negres qu'on juge avoir acquis, par leur résidence en Espagne, des idées dont la propagation pourrait être dangereuse ailleurs.

Quiconque n'est pas régnicole, ne peut passer aux colonies & s'y établir. S'il obtient la permission d'y aller pour y vendre quelques marchandises, il doit s'en
défaire

défaire au port même de fon débarquement & ne pas rapporter autre chofe que du numéraire. Pour qu'un étranger puiffe obtenir une cédule de naturali- fation, il faut qu'il ait réfidé vingt ans en Efpagne, ou dans les Indes, avec permiffion, qu'il s'y foit marié & qu'il y ait une propriété de quatre mille ducats. Cette cédule ne peut-être obtenue que d'après une preuve faite par l'Audience royale, fur la dépofition de témoins adminiftrés par le fifcal, & envoyée au Con- feil des Indes. Enfin pour rendre la terre des colonies encore plus dangereufe pour les étrangers ou pour ceux qui les favoriferaient, le commerce étranger y eft puni de mort.

Ces défenfes d'aller aux Indes ne font pas propres à en rendre les habitans très-nombreux, & il en eft encore qui ne peuvent pas y réfider; ce font ceux qui étant mariés en Efpagne, fe trouvent aux colonies d'une manière qui annonce l'efprit de féjour fans avoir leurs femmes avec eux. La loi veut que ces maris ainfi éloignés de leurs épou- fes, leur foient renvoyés dans la Métropole, fans donner aucune valeur aux raifons quelconques qu'ils pourraient invoquer, pour en être difpenfés, ou plu- tôt pour retarder l'inftant d'une réunion qui contrarie quelquefois les vœux de l'un & de l'autre. Le préfi- dent & le fifcal font fpécialement chargés de veiller à l'embarquement prochain de ces époux.

C'eft dans le même efprit que la loi veut encore qu'on ne donne pas, fans de grands motifs, des congés à ceux qui font mariés dans les Indes & qui paffent en Efpagne fans y amener leurs femmes.

Une chofe qui peut paraître d'abord affez fingulière, c'eft qu'il y ait des perfonnes qui obtiennent des cédules royales de recommandation, efpèce de titre pour que le préfident ou l'Audience, fuivant l'adreffe des cédules, place ces fujets d'une manière analogue à leur mérite. Mais les lettres de recommandation miniftérielles dans les colonies françaife, ne font que trop femblables à ces cédules, & elles font même plus bifarres, puifque le plus fouvent elles ont des motifs & une origine honteufe, tandis que la publicité des cédules & le caractère de celui dont elles émanent, doivent les rendre moins fréquentes, & qu'un confeil permanent comme celui des Indes, doit être plus difficile à tromper qu'un miniftre paffager qui croit que tous les moyens font bons s'ils le maintiennent dans fa place.

Il eft d'ailleurs très-facile de motiver une cédule de recommandation d'une manière honorable, tout à la fois, pour le protégé & pour le protecteur ; puifque dans les colonies efpagnoles, la loi permet à chacun de faire conftater fes fervices par l'Audience. Celui qui défire cette preuve légale, fe contente de réquérir de l'Audience qu'elle veuille bien la faire en indiquant feulement dans quelle vue. Le fifcal intervient & indique les témoins. On garde un fecret inviolable fur les témoignages & fur la délibération où l'Audience émet fon opinion fur la preuve, fur le requérant & fur fa capacité ou fes droits , relativement à l'objet qu'il fe propofe. Le fifcal, s'il eft d'un autre avis que l'Audience , & que celle-ci refufe d'en faire mention , peut l'expédier à part. Si la preuve exige des témoignages au loin , l'Audience commet pour les recevoir , & le tout eft envoyé au Confeil des Indes.

Si c'eft un eccléfiaftique , il s'adreffe à l'arche-vêque , où du confentement de celui-ci , à l'Audience, mais il lui faut des preuves écrites. S'il s'agit d'un corps-de-ville , on lui remet un double de la preuve cachetée , pour qu'il puiffe l'envoyer. Il peut donc réfulter , dans le cas d'un témoignage favorable , ou d'après les notes que l'archevêque , le préfident & l'Audience envoyent par forme d'adminiftration fur les divers fujets , des cédules de recommandation ; & fi ceux qui les obtiennent , ne font pas encore venus dans la Colonie , ils peuvent avoir à y faire valoir des témoignages également honorables , quoi-que recueillis dans d'autres parties de la domination efpagnole.

Après avoir vu ce qui eft en quelque forte pref-crit à chacun , il nous refte à montrer quels moyens le gouvernement efpagnol employe pour vérifier fi les différens devoirs font remplis & pour châtier ceux qui s'en font écartés.

Lorfque le préfident juge qu'il fe commet des abus dans un lieu , ou dans une partie quelconque de l'adminiftration , il confère avec l'Audience fur la néceffité d'y envoyer un juge de commiffion ou perquifiteur pour vérifier les faits ; & fi elle eft de cet avis, le préfident choifit la perfonne. L'Audience lui délivre une commiffion & veille à ce qu'on n'en excède pas les bornes. S'il s'agiffait de chofes où le fecret ferait néceffaire, le préfident pourrait envoyer le perquifiteur fans confulter l'Audience.

On ne doit envoyer un auditeur que dans un cas très-grave, & ce n'eft auffi qu'à un auditeur qu'on peut donner le pouvoir de ftatuer en première inftance. Tout autre juge de commiffion non fecrète, doit faire enregiftrer fa commiffion à l'hôtel-de-ville des lieux où il l'exerce.

Le Confeil des Indes a de fon côté un moyen plus étendu, c'eft celui d'envoyer dans les colonies un vifiteur général qui s'enquière abfolument de tout, s'en être tenu de faire connaître fa commiffion à l'Audience, qui reçoit feulement la cédule de nomination pour qu'elle ne puiffe pas dénier juridiction au vifiteur. Elle eft tenue, & le préfident auffi, de lui donner tous les renfeignemens qu'il défire. Il peut affifter aux féances & aux délibérations de l'Audience, mais il n'y vote point. Le préfident ne peut cependant être vifité que dans le rapport de fa place de chef de l'Audience, & non pas relativement à fes autres fonctions. Si le vifiteur défire voir les regiftres des délibérations de l'Audience, le préfident fait préparer dans l'enceinte du palais un lieu où le vifiteur vient compulfer ces regiftres qu'il ne peut déplacer. L'Audience eft maîtreffe de lui refufer l'exhibition de la copie de fes lettres au roi, s'il ne lui eft pas prefcrit de la montrer.

Le visiteur peut commettre pour la vérification d'un fait dans un lieu éloigné. Il ne communique point les preuves qu'il acquiert. Il peut, pour des faits graves, prononcer des suspensions, renvoyer même les fonctionnaires publics en Espagne, excepté le président. Sans attendre la fin de la visite, il peut transmettre, au Conseil, la preuve des faits importans; il agit contre ceux qui ont acquis des habitations, contracté des mariages & violé les défenses dans tout ce qui concerne les acquisitions & les contracts. Il a tous les alguasils à ses ordres, & enfin pendant soixante-dix jours, à commencer de celui où il a annoncé sa mission, il reçoit toutes les plaintes qu'on peut lui adresser, & rejette toutes celles qui pourraient venir après ce délai. Le Conseil des Indes prononce sur les visites, & la supplication n'a pas indistinctement lieu contre les jugemens du Conseil dans cette matière.

Un dernier moyen, auquel personne ne peut se flatter d'échapper, c'est la *résidence*, nom donné à une enquête qui a lieu toutes les fois que l'exercice d'un fonctionnaire public quelconque des colonies espagnoles cesse, soit par mort, démission, expiration du tems de l'exercice ou passage à une autre place.

Les personnes dont les places sont à la nomination du roi, ont pour enquêteurs de leur résidence, ceux qu'en charge le roi sur la désignation du président du Conseil des Indes, & ce conseil est l'unique juge de l'appel du jugement rendu sur les preuves ou plaintes de la résidence. Quant aux personnes nommées par le président, où qu'il a chargées d'un interim, c'est lui qui commet l'enquêteur de leur résidence, & c'est l'Audience qui prononce sur les preuves qui ont été recueillies. C'est encore le président qui nomme un auditeur pour faire la résidence des échevins ou municipaux, qui ont été chargés de la police dans la ville de Santo-Domingo.

Tous les alcades ordinaires, échevins, greffiers & autres officiers des municipalités, sont sujets à la résidence.

Quoique la résidence ne doive avoir lieu qu'à la fin de l'exercice, comme cette fixation pourrait encourager les malversations, si le président juge qu'un cas soit très-grave, il peut, en conférant avec l'Audience & si elle partage son sentiment, charger quelqu'un, même un auditeur, d'exercer tout de suite la résidence; & le président envoye au Conseil des Indes les motifs qui l'ont déterminé.

Pour faciliter le choix du président du Conseil des Indes, quant à ceux qu'il charge de faire la résidence, le président de la colonie doit adresser à ce Conseil des listes apostillées des personnes de l'île qu'il croit propre à être juges de résidence dans les divers lieux.

C'est au chef-lieu de l'exercice d'un fonctionnaire public, que sa résidence doit se faire. Du jour où il est publié qu'elle commence, il y a soixante-dix jours pour écouter les plaintes, & ensuite soixante-dix autres jours pour y faire droit. Celui contre lequel on informe, a la faculté de se défendre. Si c'est un préfident , un auditeur ou un fifcal , & qu'il foit deftiné à une autre Audience pour laquelle il foit forcé de profiter d'une occafion , il peut laiffer une perfonne chargée de fa défenfe , en donnant caution qu'il payera les condamnations.

Le juge de réfidence doit recueillir également ce qui eft pour & contre celui qui fouffre la réfidence , & la loi lui recommande d'agir avec *prudence* , *fagacité* & *chriftianifme*. Il ne peut jamais y avoir deux réfidences pour le même exercice.

Lorfqu'on fait la réfidence de quelqu'un qui a droit de donner des ordonnances fur le tréfor public , les officiers royaux doivent être avertis pour voir fi elles ne font pas de charges contre celui de qui elles émanent.

Si dans la réfidence contre un prépofé à une perperception de droits publics , il fe découvre qu'il y ait quelque répétition à faire en faveur du tréfor royal , le juge de réfidence adreffe ces objets aux officiers royaux ; fauf à l'Audience fi elle doit connaître de la réfidence à prononcer fur ce qu'il y a de coupable & de criminel dans la conduite du comptable à cet égard.

Les condamnations en réfidence , pour fubornation & corruption , font exécutoires jufqu'à concurrence de trente piaftres gourdes. Si elles font plus confidérables , leur montant doit être configné fur l'appel. Si elles font caufées parce qu'un officier a fait fon profit d'un procès , elles fon exécutoires jufqu'à deux cens ducats , avec caution fournie de la part du réclamant.

Une copie des pièces & des jugemens de résidence qui doivent être adressés au Conseil des Indes, est déposée à l'Audience royale par le greffier de la résidence, & elle y reste secrète pour le cas où les originaux se perdraient dans le voyage. Le juge de la résidence envoye, avec les pièces, un mémoire particulier où il développe son opinion.

Lorsqu'il s'agit de fraude des droits, de chargemens clandestins & autres objets de cette espèce, un seul témoin suffit.

Dans la résidence, si celui contre qui elle a lieu & qui a été présent, vient à mourir durant le tems intermédiaire où elle est envoyée au Conseil des Indes, les peines pécuniaires doivent être acquittées par l'héritier & par la caution.

Le juge chargé de prononcer sur la résidence des auditeurs & du fiscal, peuvent les faire arrêter, ordonner le sequestre de leurs biens, & les envoyer, en Espagne au Conseil avec leur procès complet.

Le fiscal doit veiller à la prompte terminaison des résidences soumises à l'Audience royale, & envoyer chaque année, au Conseil les preuves des résidences des officiers de justice nommés par le président, avec les jugemens de l'Audience & les détails de leur exécution.

Lorsque les sentences des juges de résidence nommés par le Roi ne prononcent pas des peines au-dessus de six cens piastres-gourdes, le condamné peut appeller à l'Audience au lieu d'aller au Conseil des Indes, mais s'il s'agit de condamnations

relatives

relatives au fisc, ce Conseil peut seul être juge d'appel.

La voie de la supplication n'a pas lieu contre les jugemens rendus par le Conseil en matière de résidence, à moins qu'ils ne prononcent une privation d'office ou une peine corporelle.

Enfin l'on ne peut passer d'une place à une autre, sans rapporter la preuve de la résidence pour celle qu'on a cessé de remplir. La résidence a été établie à St-Domingue en 1543.

Qui ne croirait que la crainte d'une recherche qui s'étend sur tous les actes publics & privés d'un homme que chacun peut dénoncer & accuser, qu'on livre, en quelque sorte, à toutes les inquiétations, à tous les reproches, de la haine, de l'envie, de la vengeance même, ne doive faire d'un fonctionnaire public espagnol, un individu, s'observant sans cesse & vivant comme le sage qui aurait voulu que sa maison fut ouverte à tous les yeux? Qui ne croirait que les peuples confiés aux soins d'un être entouré d'une surveillance que mille motifs peuvent rendre active, ne soient les plus heureux de tous les peuples de l'Univers, sur-tout quand on sait qu'il n'est pas un seul espagnol qui ne puisse écrire directement avec confiance & en secret au roi, si l'usage de communiquer auparavant son observation au président ou à l'Audience, lui paraît dangereuse? Mais cette résidence si célébrée par Raynal, qui a crû qu'elle n'était applicable qu'au président, n'est qu'un vain épouvantail. Dans aucun lieu du monde, peut-être, les dépositaires de l'autorité ne font auffi defpotiques que dans les colonies efpagnoles, & quand on connaît avec qu'elle rapidité plufieurs d'entre eux y font fortune, on ne peut s'empêcher de reconnaître qu'il n'eft-point d'obftacles que l'amour des richeffes ne furmonte, & que, comme on l'a fouvent dit, le manque de délicateffe procure lui-même de quoi racheter les fautes qu'il fait commettre. On fonge bien à la réfidence, mais c'eft pour intimider ceux qu'on pourrait craindre alors, pour capter leur fuffrage ou pour acheter du moins leur filence; en un mot, il y a une ligue de tous les hommes en place, par cela même qu'ils font foumis à une cenfure, dégénérée depuis long-tems en une vaine formalité. Il faudrait qu'un Ange vint d'en haut pour inftruire & juger la réfidence de ceux qui trouvent le moyen de fe gorger de biens dans un pays où tout a l'afpect de la misère, & ce miracle utile, le ciel le refufe à la terre efpagnole où les gens puiffans agiffent quelquefois comme s'ils étaient bien convaincus que l'inquifition pénale qui les attend n'eft qu'une chimère qu'il ferait puérile de redouter.

Terminons ici le tableau de l'adminiftration de la Colonie efpagnole où plufieurs perfonnes trouveront encore beaucoup à défirer, mais qu'il nous aurait été impoffible d'étendre fans entrer dans des détails qui ménerait trop loin. Ce tableau fuffira, tel qu'il eft, pour donner une jufte idée de cette adminiftration, pour faire concevoir comment la nature même des moyens doit nuire fouvent aux effets qu'on en attend, parce qu'on a compté pour rien les paffions des hommes, & enfin pour prouver, ce que je défire fur-tout qu'on remarque, que l'adminiftration des colonies françaifes a été calquée, dans bien des points, fur celle de la première colonie du Nouveau-Monde.

Mais la fituation actuelle de St.-Domingue efpagnol, qui a été le prototype de toutes les colonies à fucre & à efclaves, ne lui permet plus de revendiquer fon antériorité. La mifère s'eft emparée de fon fol fertile, & fans fes rapports avec la colonie limitrophe, elle n'auroit, pour ainfi dire, plus d'exiftence, & le plus ancien établiffement de l'Amérique auroit peut-être été totalement abandonné par la race de ceux qui l'ont fondé.

Le rapport majeur qui fubfifte entre les deux colonies, celui qui fert le plus utilement l'une & l'autre, c'eft le commerce des beftiaux. Pour le faire mieux juger, je dois donner des renfeignemens qui anticiperont, jufqu'à un certain point, fur la defcription de la Partie Francaife; mais puifque je vais traiter ce qui eft commun aux deux nations, ce ne peut-être un inconvénient.

J'ai parlé de la rapidité avec la quelle les quadrupèdes, tranfportés d'Efpagne à St.-Domingue, s'y étoient multipliés, & tout ce que les hiftoriens difent du commerce des cuirs, ne laiffe aucun doute fur l'étonnante propagation des bêtes à cornes. Ils nous ont encore appris, ces historiens, qu'une grande quantité d'animaux étoient devenus sauvages, & il est facile d'imaginer que la décadence de la colonie espagnole a dû en augmenter le nombre & que des espaces immenses étant désormais l'asile tranquille de ces animaux, leur reproduction a dû s'accroître d'une manière étonnante.

Il est donc constant que lorsque les premiers français s'établirent à Saint-Domingue, l'isle étoit peuplée de bœufs & de chevaux sauvages. Le nom des boucaniers est encore assez fameux pour qu'on se rappelle que leur unique soin étoit la chasse des bœufs, leur unique subsistance, la chair qu'elle leur procuroit & leur unique commerce, le trafic des peaux de ces animaux.

Ces premiers français se placèrent le long de la côte, d'où ils partaient pour la chasse & d'où ils pouvaient fuir par mer les persécutions des Espagnols, lorsqu'ils n'étoient pas en état d'y résister; d'ailleurs cette situation étoit la seule qui pût rendre leur commerce possible. Un terrain d'environ cent ou cent cinquante toises d'étendue, sur deux ou trois cens toises de profondeur, suffisait à chacun, parce qu'alors un voisin étoit un compagnon de chasse & de guerre. Mais le profit même de la chasse la rendit moins facile, & les hommes détruisant plus que la nature ne reproduisait, les animaux diminuèrent considérablement.

Ce motif & les insinuations de d'Ogeron amenèrent la culture du tabac dont les vexations des compagnies monopoleuses dégoûtèrent les colons. La population s'était accrue, le goût de la chasse & ses ressources s'étoient affoiblies, on vit donc languir la colonie française jusqu'à ce que la culture utile de l'indigo vint lui donner une nouvelle vie. Chacun voulut avoir quelques nègres & augmenter son domaine, & ce fut à cette époque qu'on commença à acquérir le terrain de son voisin, pour augmenter le sien, & qu'on vit demander des concessions qui formèrent ce qu'on appelle un second étage, c'est-à-dire, une seconde bande ou lisière, au-dessus des concessions qui avaient la mer pour base.

Le succès de l'indigo, l'augmentation de la population & celle du nombre des nègres, produite par l'enlèvement que M. Ducasse en avoit fait en assez grand nombre, lors de l'attaque de la Jamaïque, inspirèrent l'idée des sucreries. Elles donnèrent une nouvelle valeur aux terrains, & exigeant de plus grandes surfaces que les indigoteries, on vit plusieurs petites propriétés se réunir dans une seule main pour former ces manufactures ; & le cultivateur qui avoit vendu son sol, porta son industrie au second, au troisième, au quatrième étage & successivement vers les points intérieurs de la colonie.

Dans ce détail, où j'embrasse rapidement les progrès de la colonie française jusqu'à la fin du dix-septième siècle, je dois ajouter que le besoin de subsistance s'était fait sentir. Il y avait encore des animaux sauvages, mais ils s'éloignaient d'autant plus que l'homme envahissait d'avantage de terrain, & l'on en prenait d'autant moins, que le nombre des chasseurs allait toujours décroissant.

La chaffe était très-deftructive, parce qu'on tuait prefque autant d'animaux qu'on en rencontrait & les reffources s'anéantiffaient par ce dégât même.

Enfin, dès 1685, on recouroit dejà aux efpagnols, qui, devenus pâtres par néceffité & par une forte d'indolence de caractère, avaient des hattes dont ils venaient vendre les produits aux français. On conçut naturellement que fi l'éducation des beftiaux était lucrative pour les efpagnols, les français pouvaient s'en occuper avec fruit ; on commença donc à former des hattes, d'autant plus que les efpagnols détrui-faient eux-mêmes les animaux de notre voifinage, pour en écarter les chaffeurs. MM. de Saint-Laurent & Bégon, adminiftrateurs-généraux des îles fran-çaifes, venus à Saint-Domingue en 1684, eurent auffi beaucoup d'influence fur ce parti; ils portèrent même les chaffeurs à envoyer des beftiaux aux Ifles-du-Vent, & il y en eut réellement quelques cargai-fons formées à St-Domingue.

Ce fut dans la partie du Nord que l'établiffement des hattes commença, & pendant très-long-tems même il n'y en eut point dans les autres. M. de Fran-quefnay, lieutenant de roi, donna, en 1685, l'exem-ple de la première hatte françaife fur un terrain qu'il poffédait dans la favane de Limonade, non loin du lieu où il trouva la mort en combattant les efpagnols au mois de Janvier 1691. MM. Robineau & Falaife fes voifins, l'imitèrent, ainfi que plufieurs autres habi-tans en 1686 & 1687. Ils achetèrent leurs animaux de la partie efpagnole, & payèrent chaque vache avec son veau, jusqu'à vingt-cinq piastres gourdes. Les espagnols avaient déjà la fourniture des bestiaux que les boucheries de la partie du Nord consommaient, en petit nombre il est vrai, mais ce fait prouve la pénurie du territoire français, ou pour parler plus juste, les difficultés qu'il y avait d'y tirer parti des animaux sauvages.

Toutes les hattes de la dépendance de Limonade furent détruites lors des invasions des ennemis en 1691 & 1695, & si quelques animaux échappèrent, ils allèrent se réunir à ceux qui vivaient au milieu des bois.

Ce fut après ces désastres & à la paix de Riswick, qu'on commença à former des sucreries ; l'on en comptait trois en 1698 dans la partie du Nord, la seule qui en eût alors. M. de Charitte, gouverneur du Cap, arrivé dans la même année, excita autant qu'il le put, au rétablissement des hattes. Ce fut même à ses vives instances que M. Ducasse accorda l'ordonnance du 20 Janvier 1700, qui enjoint à tous ceux qui ont obtenu des concessions pour hattes, d'y placer au moins cent bêtes dans le délai de six mois, à peine de voir réunir le terrain. A l'expiration de ce terme, on réunit effectivement les concessions dont les conditions n'avaient point été remplies, l'on en accorda beaucoup dans les raques de Limonade, à Carcacol & à Jaquezy, pour l'éducation des animaux, & M. de Charitte lui-même forma une hatte à Jaquezy. De proche en proche les hattes se multi-plièrent, se propagèrent en s'éloignant de la mer, &

s'étendirent jusques vers les bords du Massacre, de sorte qu'en 1712, on comptait, depuis Limonade jusques-là, plus de dix mille bêtes à cornes.

Ce succès qui menaçait les espagnols de la perte d'un débouché avantageux, fut ce qui les excita le plus, lorsqu'en 1712, ceux de St-Yago vinrent commettre des meurtres aux environs du Massacre, sous le prétexte qu'on leur avait détruit des animaux. Malgré leurs invasions, on comptait encore alors quatorze mille bêtes à corne dans l'étendue dont je viens de parler tout à l'heure, & un bœuf ne coûtait déjà guères plus de trois piastres gourdes ; mais les chevaux, soit pour voyager, soit pour monter la cavalerie-milice, étaient presque tous fournis par la partie espagnole. Elle donnait aussi des mulets pour les manufactures à sucre, où ils sont justement préférés aux chevaux. On comptait déjà cent de ces manufactures en 1716, quoiqu'il n'y eût pas une seule sucrerie en 1685 ; & la plûpart de leurs moulins étaient mis en action par les animaux ; un mulet était payé jusqu'à quarante piastres gourdes.

Ainsi les hattes qui avaient été plus nombreuses que les sucreries, puisqu'on voyait encore quarante des premières dans la partie du Nord avant 1712, se trouvèrent bientôt en nombre inférieur. Les profits de la culture, comparés à ceux de l'éducation des animaux, offrirent un résultat d'autant plus défavorable pour celle-ci, que les hattiers considéraient les effets de leur négligence ou de leur impéritie, comme autant de vices inhérens aux établissemens de hattes. —

Ce

Ce fut de cette manière qu'ils envifagèrent la perte d'une grande partie de leurs beftiaux qui étaient devenus fauvages ou *extravagans*, pour me fervir du terme du lieu, tandis qu'ils devaient s'imputer d'avoir laiffé le foin de leurs hattes à un nombre de nègres, d'autant plus infuffifant pour contenir & pour raffembler le bétail, qu'ils n'avaient pas, comme les hattiers efpagnols, des chevaux fur lefquels ils pûffent les pourfuivre. Ce bétail *extravagant* devint la proie des chaffeurs.

Mais une autre caufe eut une influence malheureufe fur les hattes & françaifes & efpagnoles, je veux dire l'adminiftration des boucheries.

Dès que les colons eurent ceffé d'être épars le long de la côte & de trouver eux-mêmes dans la chaffe une reffource pour fubfifter; dès qu'il fe fut formé des peuplades diftinctes & des établiffemens paroiffiaux, il y eut des lieux deftinés aux boucheries. Sous le prétexte vrai ou faux d'en affurer le fervice, on ne tarda pas à faire ce qu'on appelait la police de ces lieux, & le droit ou l'obligation de fournir à la confommation des habitans fut l'objet d'un privilège. Il eft rare que celui qui peut refufer, ne mette pas quelque prix à ce qu'il accorde, & avant le commencement du fiècle actuel le privilège des boucheries qu'on s'était contenté d'affujettir à une adjudication publique, devint vénal. J'ai la preuve qu'avant 1700, les boucheries étaient devenues un petit patrimoine pour l'État.

major, on ne sait en vertu de quel droit, si ce n'est de celui que l'on rougirait de nommer.

. En 1702, les boucheries du Cap étaient affermées cinq cens piastres-gourdes. Celles de Léogane le double, & celles du Petit-Goave cent vingt. Le gouverneur de la Colonie prenait la moitié de cette somme, celui du Cap le quart de celle des boucheries du Cap, & dans les autres lieux ce quart était dévolu au lieutenant de roi ; ensuite le major prenait un huitième & le huitième restant était réparti entre les aides-majors. Le droit de tenir cabaret était aussi un *revenant-bon* pour les mêmes personnes, à qui on devait ces institutions plus dignes de traitans subalternes que de militaires.

En 1704, la même taxe existait & cependant on avait déjà depuis long-tems l'occasion de réfléchir que l'approvisionnement devenait de plus en plus difficile, & si pendant un seul instant Saint-Domingue avait pu donner de quoi former quelques chargemens en bestiaux, il n'était que trop visible que ses ressources n'égaloit plus ses besoins. Mais cette observation, ce n'était pas à l'état-major à la faire, & personne ne voulut ou n'osa la lui présenter.

. Tandis que ceux qui auraient dû n'être occupés que de l'intérêt général, se faisaient donner de honteuses & misérables rétributions, les hattiers eux-mêmes nuisaient au but de leur établissement en entretenant des meutes de chiens qui menaçaient de devenir auſſi deſtructives que l'avoient été ces animaux dans la partie eſpagnole. Il fallut que deux ordonnances de M. Auger défendît en 1704 & les chiens dans les hattes & la chaſſe près de celles-ci, dont les beſtiaux étaient trop ſouvent victimes de l'imprudence ou de motifs moins excuſables encore.

En 1705 , la ferme de la boucherie pour la partie du Nord rapporta près de cinq cens gourdes , celle de Léogane & du reſte de la Colonie encore plus , & en 1710 lorſqu'une nouvelle ordonnance des adminiſtrateurs renouvella la défence de la chaſſe autour des hattes & preſcrivit aux habitans qui ſe trouvaient dans leur voiſinage de faire enclore leurs héritages pour que la multiplication des animaux fut plus aſſurée , le prix de la ferme des boucheries approchait déjà de deux mille gourdes. En 1711 l'intendant (car on en avait établi un depuis 1703) exigeoit par une ordonnance , huit livres tournois par chaque bête tuée à la boucherie du Port-de-Paix.

Pour ſe paſſer du ſecours des eſpagnols, il aurait fallu multiplier les hattes , mais pour réſiſter aux eſpagnols , il fallait multiplier les habitans , ce qui ne s'accordait pas avec le ſyſtème des hattes qui ſuppoſe de grandes ſurfaces où il n'y a que du bétail. Les hattes furent preſque ſacrifiées dans le parti qu'on prit , lorſque, par l'ordonnance du 21 Juin 1711 , les adminiſtrateurs concédèrent pour culture tous les terrains depuis Limonade juſqu'à la rivière du Rebouc. A la vérité les savanes furent réservées aux hattes, mais cette réserve annonçait qu'elles n'avaient pas la préférence, & j'ai dit qu'alors la comparaison avec les produits d'une sucrerie ou d'une indigoterie n'excitait pas à leur préférer ceux d'un haras. Une ordonnance du roi vint bien en 1713 prescrire de mettre des animaux sur les hattes, en menaçant de les réunir, mais c'était ne proférer que des mots, puisqu'en réunissant, il fallait concéder de nouveau ou pour culture, ce qui anéantissait la hatte, ou pour hatte ce qui ne faisait que changer le propriétaire & point du tout l'opinion.

Pendant ces circonstances, la ferme des boucheries croissait toujours un peu, & comme si ce parti désastreux avait dû avoir pour complices tous ceux que leur emploi auraient dû en rendre les censeurs, les deux Conseils supérieurs de la colonie, réunis en assemblée coloniale en 1715, comptèrent au nombre des objets qui devaient composer l'octroi, les droits de boucheries & de cabaret qu'on évalua ensemble à une somme de deux mille gourdes. On crut, sans doute, avoir beaucoup fait en privant les officiers de l'état-major de ce profit, (ce que l'intendant n'avait cependant point osé tenter quoique le ministre le lui eût prescrit le 14 Avril 1706) sans réfléchir que le changement dans la destination, changement que la même lettre du ministre avait indiqué aussi à M. Deslandes, n'en produisait point dans ce que ce genre d'impôt avait d'onéreux pour le public.

A la fin de la même année 1715, les adminif-trateurs réunirent tous les terrains des hattes de Bayaha & du Limbé qui n'étaient pas établis ; mais ce qui fert à prouver que leurs propriétaires n'é-taient pas très-châtiés de cette réunion, c'eft que les adminiftrateurs furent obligés de punir de mê-me en 1717, les conceffionnaires fubftitués depuis 1715 aux premiers.

D'un autre côté, comme il y avait d'anciennes conceffions de hattes qui portaient qu'elles n'avaient lieu qu'à condition d'y pouvoir mettre des cultures, fi le terrain y était propre, il fe trouvait des co-lons qui provoquaient la réunion de leurs hattes & qui reparaiffaient eux-mêmes ou faifaient paraître des perfonnages interpofés, pour prendre la même conceffion qu'on deftinait à la culture.

Quelques-uns formaient un chétif établiffement de hattes & vendaient réellement à leurs voifins cultivateurs la majeure partie de leurs terrains. D'autres plus hardis ou plus protégés, cédaient publiquement, à prix d'argent, ce qu'ils avaient ob-tenu gratuitement & avec une autre deftination, ou bien ils fuppofaient des fociétés dont le but réel était de fubftituer la culture aux hattes. Enfin tel était l'état des chofes qu'en 1716, toutes les boucheries du Nord n'étaient fournies que par les efpagnols & l'on y confommait déjà près de trois mille animaux par an. La feule reffource pour ainfi dire était celle de la favane de Limonade ou plutôt de la portion qui y formait une commune.

Dans la partie de l'Ouest c'était la même insouciance; dès 1703 les seuls espagnols y fournissaient aussi & les boucheries & les manufactures. En vain M. de Galiffet venant, en 1702, du Cap à Léogane & ayant admiré les savanes du Mirebalais, avait engagé à y former des hattes & avait même contracté une société avec un habitant du lieu pour en établir une, l'exemple & l'avis furent perdus.

Le président espagnol qui était sans doute frappé de l'accroissement du commerce des bestiaux de la colonie qu'il administrait, voulut le gêner ou du moins le rendre lucratif pour lui, en exigeant un droit de sortie; mais les espagnols voisins de la frontière se portèrent à une espèce de révolte notamment ceux de St-Yago. Le mouvement fut même assez considérable au commencement de 1721 pour faire croire au gouverneur français qu'il avait une autre cause & qu'il cachait des vues hostiles pour son territoire. M. le comte d'Arquian, gouverneur du Cap, fit mettre du monde sur la frontière, & le président pour cacher sa cupidité, prétendit que les révoltés de St-Yago avaient eu pour but de livrer cette ville aux français. Il résulta du moins de ces diverses circonstances qu'il se vit forcé de renoncer à son projet de taxe.

Mais notre dépendance pour la fourniture des bestiaux n'avait pas empêché que le génie fiscal ne se fût exercé sur la ferme des boucheries dès qu'elle lui fût soumise au moyen de l'octroi de 1715. Celle pour le Cap rapportait sept cens cinquante-trois gourdes en 1720, mille vingt-trois en 1725, & en 1728 elle s'élevait à sept mille huit cens vingt, & celle de la partie de Léogane à douze cens ; ce qui formait la somme, réellement énorme pour cette époque, de plus de neuf mille gourdes, quoique depuis 1726 la vente du cochon ne fut plus comprise dans la ferme pour le Cap.

L'accroissement ne se borna pas là ; en 1732 la ferme produisit pour toute la Colonie, quarante mille livres tournois, & en 1734 elle en donna plus de quarante-un mille pour le Cap seulement. Les hattes suivaient la progression inverse. Une ordonnance des chefs, en date du 15 Décembre 1731, renouvella les dispositions de celle du 1er. Décembre 1710 & contre les chasseurs & contre le défaut de hayes & d'entourages dans le voisinage des hattes. Le mal croissant encore, une autre ordonnance, du 13 Décembre 1732, répéta ce que disaient les deux que je viens de rappeller & dont cette répétition même annonçait l'inexécution. On crut faire quelque chose de plus en insérant dans la dernière des exemptions de revue & de corvées pour les hattiers.

Ce n'était pas seulement par rapport aux bêtes à corne que la rareté se faisait sentir, les mulets manquaient aussi aux manufactures. L'éloignement que les espagnols de l'île ont toujours marqué pour l'éducation de cet animal, & des sécheresses qui, depuis 1739, devinrent encore plus sensibles, forcèrent à aller chercher des mulets à la côte d'Espagne ; c'est-à-dire, sur les côtes du Continent espagnol, dans le

Golphe du Mexique, en imitant les Isles-du-Vent, qui éprouvaient la même pénurie.

Cependant, comme si la ferme des boucheries avait été indépendante de tous les événemens, on ne cessait pas de l'augmenter. Je devrais avoir déjà dit que depuis le commencement du siècle, on avait imaginé d'assujettir les fermiers à fournir la viande nécessaire à la consommation des troupes, & à la longue kirielle de ceux qu'on nommait les privilégiés, à cause de leurs emplois, à un prix inférieur d'un quart au moins à celui fixé pour le public. Il y avait même quelques individus de l'État-major à qui l'on devait livrer gratuitement une certaine quantité de viande, petite à la vérité. Ainsi le peuple supportait & la diminution faite aux troupes & celle stipulée en faveur des privilégiés, & en outre le prix de la ferme & les profits du fermier, que ce dernier calculait toujours à raison d'une plus grande mise dehors ; c'est-à-dire, que le peuple supportait un impôt qui s'accroissait rapidement, sans qu'on tînt compte de l'augmentation de cette charge, & qu'on lui réservait, pour prix de son sacrifice, le droit d'aller prendre aux boucheries ce qu'y dédaignaient ceux qui payaient moins que lui.

En 1740, la forme monta à cent quarante sept mille livres des colonies, dont quatre-vingt-dix mille pour le Cap, trente mille pour le Fort-Dauphin, & vingt-sept mille pour la partie de Léogane. Tout le monde applaudissait, du moins ceux qui se trouvaient dans le catalogue heureux des privilégiés, catalogue

qui,

qui, étant dreffé avec le foin d'y placer chaque élu fuivant fon rang, fervait auffi de cérémonial pour les domeftiques qui allaient à la boucherie, & pour le boucher, bien averti que chacun d'eux devait être fervi d'après la place de fon maître dans la hiérarchie.

Néanmoins dans la même année 1740, le fermier des boucheries de la partie de l'Oueft, fe trouvant dans l'impuiffance de remplir fes engagemens, & la fourniture de la viande ayant ceffé, il fallut permettre, le 11 Août, à tout individu de faire boucherie, avec la petite charge néanmoins de payer une piaftre par chaque animal tué, & le 15 Septembre fuivant, on réfilia fon bail pour le 15 Mars 1741, terme jufqu'auquel ce fermier ferait tenu de fournir les troupes & la ville de Léogane feulement. Mais à l'époque de ce renouvellement de bail, la ferme des boucheries obtint un nouveau fuffrage, qui a eu depuis un funefte effet.

Le marquis de la Grandara-Réal, nommé préfident de la partie Efpagnole, arriva au Cap en 1741 ; informé que les français levaient, à leur profit, un impôt fur la confommation des boucheries, dont l'approvifionnement était tiré de la colonie étrangère, il lui parut que cette rétribution appartiendrait beaucoup moins illégitimement au tréfor du roi d'Efpagne. Pour avoir occafion de la rendre propre à ce dernier, il prétexta le ravage d'une féchereffe qui règnait depuis deux ou trois ans, & défendit expreffément, dès la même année 1741, de nous fournir des animaux.

Cette prohibition produisit une disette d'autant plus générale, que la sécheresse avait encore diminué les ressources du territoire français ; ressources bien faibles, puisqu'une lettre du roi du 19 Juin 1741, aux administrateurs, prescrivait le moyen qu'on regardait à Versailles comme extrême, mais comme très-efficace, de prononcer la réunion des terrains des hattes non établies. Il fallut alors entreprendre une négociation avec le président espagnol, qui la fit durer plusieurs mois, & qui voulut bien, à force d'instances de la part de M. le marquis de Larnage, accorder le secours de deux cens têtes de bétail par mois, à partager par moitié, entre la partie du Nord & celle de l'Ouest, sauf à l'augmenter avec le rétablissement des hattes espagnoles. Mais le président ajoutait que pour faire autoriser *cette tolérance* par la cour d'Espagne, il croyait devoir établir un droit sur l'extraction des animaux, & il porta ce droit à cinq piastres par paire, faisant alors vingt livres tournois. Non content de cette taxe, il exigea que l'extraction ne fut faite que par deux pérposés français que le gouverneur général nommerait, dont l'un pour le Nord & l'autre pour l'Ouest, lesquels traiteraient avec des commissaires que le président choisirait de son côté.

Ces conditions étaient dures, elles avaient d'abord pour très-mauvais effet celui de changer en une négociation diplomatique en quelque sorte, ce qui n'avait été jusques là, & qui n'était dans la réalité qu'une opération mercantile. Elles augmentaient évidemment le prix des bestiaux du montant de la taxe, & elles rendaient le chef de la colonie espagnole doublement maître de ce prix, puisqu'il avait le choix des commissaires pour la vente & la faculté de grossir l'impôt. M. de Larnage ne se dissimula point ce qu'un pareil traité avait de honteux, il crut même en avoir évité l'humiliation en se bornant à désigner les approvisionneurs qui devaient être nécessairement les fermiers des boucheries, puisqu'il en existait, & à leur laisser la nécessité de s'engager envers le président; il fallut cependant qu'il promit personnellement de faire veiller à ce qu'il n'y eût point d'introduction clandestines d'animaux.

Ainsi nous confessâmes publiquement que notre négligence & un calcul faussement cupide nous avoient mis dans la dépendance pour un objet de première nécessité, & le public livré, depuis long-tems, au monopole des fermiers des boucheries, se trouva de plus soumis aux volontés arbitraires du président. Il semblait que les espagnols pour qui la vente des bestiaux etoit une ressource unique, ne fussent que généreux envers nous, & que nous leur dûssions un tribut pour reconnaître leurs privations prétendues.

Comme pour ajouter à tant d'entraves, à tant de contrariétés, & aux premières erreurs du gouvernement, on vit le ministère reprocher aux administrateurs de la colonie, les permissions qu'ils donnaient pour aller traiter des chevaux & des mulets à la côte d'Espagne & qui étaient utiles, même pour créer des produits, à l'aide desquels on payait les dépenses de boucherie & l'on augmentait les richesses nationales. Je suis loin de prétendre cependant que les cris du commerce sur les abus que couvroit ce commerce fussent sans fondement, mais pour cette fois, on fut soupçonner à Versailles qu'elles étoient exagérées & au lieu de prohiber un moyen nécessaire, parce qu'il engendrait des inconvéniens, on se contenta de surveiller la contrebande, qui, à coup sûr, n'était pas faite par ceux qui avaient besoin de chevaux & de mulets pour leurs manufactures.

Le président espagnol garda encore en 1744, la mauvaise volonté qu'il avait manifestée ; dans cette année, d'autant plus malheureuse pour nous qu'elle est celle où les vers dont j'ai parlé relativement aux animaux de la partie espagnole, commencèrent leur ravage sur notre territoire. Le président ne cessa même pas de se plaindre des marchés furtifs de l'approvisionneur de la partie de l'Ouest, & pour calmer ses soupçons & arrêter ses menaces, les administrateurs français chargèrent, le 20 Janvier 1744, une commission de rechercher la conduite qu'avait tenu cet approvisionneur ou les associés pris par sa veuvre depuis sa mort. Enfin qu'on juge de l'embarras où l'on fut par ce fait ci : c'est que la ferme des boucheries de la partie de l'Ouest fut adjugée pour trois ans, le 4 Novembre 1745, sans aucune rétribution & en faisant espérer au fermier les cent bœufs par mois qui lui revenaient dans la promesse du président pour lequel le moment des augmentations n'était pas encore arrivé, quoiqu'il se fût déjà écoulé plus de trois ans depuis qu'il le faisait attendre.

Sans doute que ces augmentations eurent enfin lieu, puisqu'en 1750, la ferme des boucheries du Nord était à cent vingt-deux mille cinq cens livres des îles, & que celles du Cap seules furent adjugées le 9 Décembre 1752, pour quatre-vingt mille livres. A l'Ouest, une épizootie venait de détruire les animaux au Cul-de-Sac & avec eux l'espoir d'une ferme. Le bail des trois années de 1755 à 1758, fut encore gratuit, ainsi que celui de deux ans dont il fut suivi; mais je tiens un état qui prouve que sur les trois années 1753, 1754 & 1755, il y a eû pour le fermier du Cap, un bénéfice net de cent quatre-vingt-douze mille sept cens dix livres, ce qui équivalait presque au montant des quatre-vingt mille livres qu'il payait annuellement pour la ferme.

Depuis 1741, date de la lettre du roi que j'ai citée, je ne ne trouve plus de mention des hattes jusqu'au 28 Décembre 1751, qu'une ordonnance des administrateurs accorde l'exemption de corvées, de revues & de gardes au majoral ou chef des hattes; & cet encouragement fut infructueusement promis; la menace de la réunion contenue dans une lettre du ministre, du 8 Septembre 1754, & renouvellée dans celle du 4 Avril 1760, n'eût pas plus de succès que des incitations du 22 Mai 1762, en faveur d'un genre d'établissement qui a toujours eu contre lui, d'offrir des produits inférieurs à ceux de la culture, dans une colonie où cette dernière est même devenue funeste aux hattes, puisque les dévastateurs de celle-ci se font accrus avec les nègres cultivateurs.

Enfin arriva l'époque du pacte de famille. Ce fut d'après les ordres respectifs des deux cours de France & d'Espagne, que M. de Fontenelle, commandant de l'artillerie de la partie du Nord, & Don Ignace-Caro de Oviedo, lieutenant-colonel & major de la partie Espagnole, choisis par les chefs des deux colonies, firent à San-Domingo, le 21 Juillet 1762, un traité qui comprend, dans l'un de ses quatre objets, la fourniture des bestiaux. On y trouve, à l'article 4, qu'attendu que la viande manque aux français, les espagnols leur fourniront, tant pour la subsistance des troupes actuelles que pour celles attendues alors d'Europe, pendant la guerre, *& sans tirer à conséquence pour l'avenir*, huit cens bêtes mâles par mois, & plus si l'état des hattes le permet ; dont six cens pour le Cap, tirées de Daxabon, Saint-Raphaël & autres lieux voisins, & les deux cens autres pour le reste de la colonie, tirés de la frontière de Neybe & lieux adjacens. Le prix de ces animaux est fixé, par le traité, à trente-cinq piastres par macorne ou paire, les bêtes devant avoir trois ans.

Telle fut l'influence du pacte de famille & de la lettre écrite par le bailli d'Arriaga, ministre d'Espagne, au marquis d'Azelor, président, le 3 Octobre 1761 ; où il lui disait que l'intention de sa majesté catholique était que les places & les escadres françaises reçussent tous les secours possibles dans la guerre contre les anglais, & qu'il permît la sortie franche des bestiaux pour nos colonies, donnant toute liberté aux hattiers, sans autre précaution que de ne pas laisser dégarnir la partie espagnole. La vérité est pourtant que l'impôt de cinq piastres mis par le marquis de la Grandara Réal en 1741, ne fut pas levé, & que le président d'Azelor crut lui avoir ôté son caractère, en disant qu'il serait payé par le vendeur, énoncé qui cachait ou une insigne mauvaise foi, ou une grande ignorance des notions les plus simples du commerce, d'après lesquelles on sait que tout impôt sur un objet de première nécessité, est évidemment supporté par le consommateur.

Ce fut à la fin du mois de Novembre 1762, qu'on vit arriver au Cap M. Bertrand, commissaire des guerres, envoyé par le roi pour remplir, auprès du président espagnol, différentes commissions, & notamment celle d'assurer la fourniture des bestiaux. Appuyé dans sa mission par une lettre du bailli d'Arriaga, M. Bertrand se rendit à San-Domingo au mois de Janvier 1763. Il voulut tâcher de faire porter à mille le nombre de huit cens bêtes promises par mois ; mais le président lui déclara positivement, par sa lettre du 23 Avril suivant : 1°. qu'il ne changerait rien à la première quantité, sans même qu'elle pût être un titre ni contre lui, ni contre ses successeurs ; 2°. que le prix en serait payé sur la valeur de la monnoie d'Espagne dans la colonie espagnole ; ce qui faisait alors une différence de vingt pour cent par piastre gourde ; 3°. que la sortie des animaux aurait lieu par l'une des trois gardes de Daxabon, St=Raphaël & las Cahobas (les Acajoux) ou Seybe, lieux *où le vendeur* payerait les cinq piastres de droit de sortie ;

(parce qu'alors l'acheteur français se trouvait tout prêt à les lui compter) ; 4°. que le gouverneur français interdirait les petites boucheries, sur-tout dans les lieux où il n'y avait point de troupes, afin de diminuer la consommation.

C'était dans ces entrefaites que le ministre écrivait aux administrateurs le 27 Août 1763, qu'il convenait d'obliger tous les habitans de prendre un soin particulier de leurs hattes & corails, & les fermiers des boucheries de former des souches dans des terrains qu'on leur distribuerait dans les montagnes. Le ministre annonçait encore que pour arriver à ce but désirable, il venait de demander à la cour d'Espagne la permission de faire venir des bestiaux de la partie orientale de l'île de Cube. Une nouvelle lettre du 24 Novembre suivant, apprend que le roi d'Espagne a consenti à donner toutes les facilités possibles pour tirer des bestiaux de la partie espagnole & a annoncé que si les craintes fondées de la contrebande s'opposaient à ce qu'il permît d'en prendre à Cube, il autoriserait cette fourniture à l'île de Porto-Rico. Le ministre envoyait en conséquence une cédule du roi d'Espagne pour le président de San-Domingo afin de le déterminer à favoriser l'extraction & il demandait ensuite des éclaircissemens sur le parti qu'on pourrait tirer des offres relatives à Porto-Rico.

Ces nouveaux ordres de la cour de Madrid conduisirent au Cap, Don François Pépin Gonzalez,

trésorier

tréforier de San-Domingo, muni des pouvoirs du préfident d'Azelor & qui fit, le 22 Mai 1764, un nouveau traité avec le comte d'Ornano, colonel d'infanterie, chargé des pouvoirs de M. le comte d'Eftaing.

On y ftipula que d'après les cédules du roi d'Efpagne du 3 Octobre 1761, du 23 Avril 1762 & du 27 Octobre 1763, qui permettaient la fortie, libre & exempte d'impofition des beftiaux dont les colonies françaifes avaient befoin, fans qu'il pût être exigé de péage extraordinaire & fans autre précaution que celle d'affurer la reproduction, cette fortie ferait permife ; que les français pourraient acheter librement les animaux & de gré à gré avec les efpagnols, fans qu'il fût exigé aucune taxe des vendeurs ni des acheteurs que celle qui ferait réglée par Sa Majefté Catholique ; que l'extraction qui ne pourrait fe faire que par Daxabon, Saint-Raphaël & les Caobas ou Seybe, aurait lieu par des conducteurs, porteurs de permiffions données par des prépofés efpagnols, à peine de confifcation & de deux ans de prifon.

Ce traité produifit un ordre du préfident dont le réfultat fût une publication faite dans les différens commandemens & notamment dans celui de Daxabon le 6 Décembre 1764. Elle annonçait aux efpagnols la liberté de vendre leurs animaux aux français, en prenant une permiffion du commandant du lieu de la fortie & en payant les droits royaux; favoir : dix livres de France par chaque tête de bœuf ou de vache, trois livres par chaque cochon mort ou vivant & vingt livres par chaque bête cavaline ou mulet, *le tout sous peine de la vie & de la confiscation des biens de tous les contrevenans.* Il y avait trop peu de concordance entre cette proclamation & le traité du 22 Mai précédent, pour que M. le comte d'Estaing n'en fit pas la remarque au président d'Azelor qui se retrancha à dire que ces droits de sortie seraient mis en dépôt jusqu'aux ordres de sa cour.

Revenons à la ferme des boucheries. L'assemblée coloniale du mois de Juin de la même année 1764, la seule de toutes ces assemblées où il ait eu un examen sérieux & approfondi de plusieurs matières ; celle où un magistrat (*) qui a même été vexé pour avoir eu plus d'une fois raison, a répandu de vraies lumières sur plusieurs principes de l'administration coloniale, offre dans son procès-verbal la juste critique de l'usage d'affermer les boucheries. Mais la nécessité de compléter un impôt considérable pour la première année qui suivait une guerre désastreuse ; la crainte même de faire un changement trop subit dans un point d'utilité première, furent cause qu'on toléra la ferme des boucheries pour cinq ans, terme de la nouvelle imposition, & qu'on compta son produit sur le pied de deux cens trente-deux mille livres qu'elle avait atteint. On sait que cette assemblée coloniale fut mise, par une autorité puissante, au rang des choses non avenues, & si l'on en imita quelque

---

(*) M. Desmé Dubuisson, créol de St-Domingue, procureur-général du conseil du Cap, mort conseiller du parlement de Paris & conseiller honoraire des deux conseils de la colonie.

chofe relativement à la ferme des boucheries, dans celle qui lui fut fubftituée pour la forme, ce fut quant au prix & non quant au vœu & au projet de l'éteindre.

Il y eut, le 11 Décembre 1766, un nouveau traité entre le préfident d'Azelor & M. de la Valtière, alors major du régiment de Foix, chargé des pouvoir de M. le prince de Rohan. Son art. 5, le feul qui foit relatif aux animaux, eft conçu en ces termes :

" Quoique le tems fixé par le traité de 1762 pour
„ ce qui regarde les bêtes à corne, foit déjà expiré ;
„ pour donner à M. le chevalier prince de Rohan, &
„ à la nation françaife, une preuve de la fatisfaction
„ que j'ai de pouvoir leur être utile, je conviens
„ pour le préfent & jufqu'à ce que le roi, mon
„ maître, en ordonne autrement (fans que ceci puiffe
„ fervir d'exemple, règle ou obligation aux gouver-
„ neurs mes fucceffeurs) que les bouchers ou pour-
„ voyeurs de viande pour les français, viennent eux-
„ mêmes aux hattes efpagnoles pour achéter les
„ bêtes à corne dont ils auront befoin, & pour les
„ droits de fortie ; & il ne fe payera pas plus de vingt-
„ quatre efcalins pour chaque macorne ; au lieu de
„ quarante, ou douze efcalins par chaque tête def-
„ dites bêtes, au lieu de vingt, en fuppofant qu'elles
„ foient réduites en taffau (falée & féchée au foleil) ;
„ & qui que ce foit des marchands defdites bêtes à
„ corne qui fe trouvera en conduire ou en faire con-
„ duire, fans un paffe-port du gouverneur ou du
„ commandant de quelques-uns des poftes de la
„ frontière par où pafferont les bêtes, fera arrêté &
„ fes troupeaux confifqués „.

Le 25 Mars 1769, le même président d'Azelor, qui a administré la partie espagnole durant 13 ans, & qui semblait, malgré ses protestations d'attachement, n'être occupé que de gêner l'extraction des animaux pour la partie française, fit un règlement qui portait que désormais cette extraction ne pourrait avoir lieu qu'en vertu d'une permission qui émanerait directement de lui & plus des officiers de la frontière auxquels il interdisait d'en donner. Pour obtenir cette permission, il ordonnait aux Justices de dresser des états annuels de toutes les hattes de leur juridiction, de manière à faire connaître les propriétaires, la quantité du bétail, la portion nécessaire à la consommation du lieu, celle du contingent à fournir pour les boucheries de la capitale, & celle qui devait être gardée pour la multiplication, afin qu'on fut sûr de ne permettre la sortie que de l'excédant. A ces permissions qui devaient désigner le propriétaire, la marque, le conducteur & le nombre des animaux, il fallait annexer la quittance de la taxe des cinq piastres par paire, comptée aux officiers royaux, & après l'extraction effectuée, les permissions devaient être rapportées aux Justices du lieu d'où les animaux avaient été tirés. La confiscation était prononcée pour toutes les contraventions, & les Justices déclarées responsables de l'inexécution de la défense de tuer des génisses ou gazelles, & assujetties à en rendre compte lors des visites & des résidences.

Ces entraves & d'autres motifs, amenèrent un voyage de M. de Vincent, qui fit avec M. d'Azelor, un nouveau traité, le 4 Juin 1770 ; mais le remplacement de ce président par M. de Solano en 1772, créa bien d'autres difficultés, dont nous devons indiquer la cause.

Jamais puissance ne fut aussi jalouse que l'Espagne, de conserver son propre commerce, & j'ai fait voir que jamais il n'y en eut aucune qui poussa aussi loin les précautions contre tout commerce étranger dans les colonies. Presqu'au moment de la découverte de l'Amérique, l'Espagne se hâta d'en concentrer le commerce dans un seul lieu, & ce fut l'origine de la maison de contractation de Séville, parce que ce fut cette cité qui obtint cet immense avantage. Mais la nature ayant mis un obstacle réel à l'exercice de ce privilége, en empêchant les gros bâtimens de remonter le Guadalquivir jusqu'à Séville, Cadix profita de ses dépouilles & devint le centre du commerce des Indes espagnoles.

Pour mieux s'assurer que ces dernières seraient exactement interdites aux étrangers, les expéditions pour les colonies se faisaient à des époques réglées, & par le moyen de flottes ou gallions, où une surveillance qui avait bien le caractère national, rendait les fraudes presque impossibles, attendu la difficulté de lui échapper, ainsi qu'à la sévérité des peines. Cet ordre de choses dura jusqu'en 1739, que les flottes furent remplacées par les vaisseaux de registre, qui ont pris leur nom de la nécessité de déclarer & de faire porter sur des registres tout ce qui y est chargé & déchargé, & de ce que leurs officiers sont choisis par des agens royaux.

Cette manière d'approvisionner les colonies & d'en faire transporter les productions dans la Métropole, fut commune à St-Domingue avec les autres, tant que St-Domingue eut un commerce ; mais lors de sa décadence, il y venait, comme par hazard, des bâtimens de regiſtre, qui même le plus souvent n'y faisait qu'une simple escale & sans le secours des étrangers, les colons espagnols y auraient péri de misère. C'est sur-tout de la colonie française limitrophe que ces colons reçurent la plus grande partie de ce qui leur était nécessaire, & la fourniture des beſtiaux était un moyen d'échange assuré & qui convenait aux deux parties. La cour d'Espagne qui voulut reſſuſciter en quelque sorte la colonie de St-Domingue, imagina de recourir au moyen le moins propre à lui faire atteindre son but, celui de créer en 1755, une compagnie qui prit le nom de la ville où réſidaieht les négocians qui la formaient, & qu'on déſigna auſſi sous celui de la province, ce qui la fit nommer quelquefois *Compagnie de Barcelone* & quelquefois *Compagnie de Catalogne*. Mais le privilège fut lui-même aſſujetti à tant de difficultés que St-Domingue & les autres lieux qu'il embraſſait, ne reçurent point de secours de cette compagnie.

Le 16 Octobre 1765, un décret adoptant des mesurés plus juſtes, mais bien nouvelles pour l'Espagne, permit à pluſieurs ports du royaume le commerce avec certaines colonies, mais celle de St-Domingue était ſi faible qu'elle né retira aucun avantage de cette conceſſion. Elle continuait à languir, lorſqu'en 1771 , M. le comte de Solano , alors capitaine-général de Carraque, fut porté à la préſidence de San-Domingo. Il quittait une colonie où une compagnie exerçait le plus odieux monopole, & arrivant dans l'autre il y trouva les agens de la compagnie de Catalogne qui y prenaient des renſeignemens. En gouverneur très-jaloux des intérêts du commerce de la métropole, il fit promettre à ces agens d'envoyer ſix bâtimens par an dans la colonie, & s'engagea, à ſon tour, à leur aſſurer tous les avantages de ſon commerce. Il n'en exiſtait qu'un ſeul moyen, c'était d'empêcher que les eſpagnols employaſſent, (comme ils le faiſaient depuis près d'un ſiècle), dans la partie françaiſe, le produit des animaux qu'ils y vendaient, en marchandiſes d'Europe, telles que toiles, étoffes, vin, farine, merceries, chapeaux, ſoyerie, & autres objets utiles, ſoit comme ſubſiſtances, ſoit comme vêtemens ; & M. de Solano réſolut d'employer ce moyen. En conſéquence, il fit publier au mois de Janvier 1772, une défenſe à tout eſpagnol, ſous peine d'empriſonnement , d'amener des animaux dans la partie françaiſe & d'en rapporter des marchandiſes. Il impoſa aux colons, la loi d'obtenir de lui une permiſſion de vendre ces animaux, ce qui n'aurait lieu que chez eux où l'acheteur ſe rendrait avec du numéraire ſeulement.

Le premier effet de cette meſure fut d'opérer dans les boucheries françaiſes, une diſette d'autant plus cruelle, qu'une fécherefïe confidérable rendait toutes les fubfiftances fort rares. Cependant cette fécherefïe créa elle-même dés reffources momentanées quoique bien coûteufes pour la colonie, puifquelle força à vendre les beftiaux de plufieurs manufactures; la confommation en viande fraîche fut réduite de plus de moitié. Ces diverfes circonftances excitèrent plufieurs efpagnols à tâcher d'introduire des animaux en contrebande; mais des confifcations multipliées & le foin que fit prendre M. de Solano de rompre & d'obftruer divers chemins de traverfe, ne firent qu'ajouter à la mauvaife condition des efpagnols qui maudiffaient hautement la Compagnie de Catalogne. Ce n'eft pas que M. de Solano jugeât utile de leur interdire la vente de leurs beftiaux, fans laquelle ils n'auraient pas eu d'exiftence, mais il voulait nous priver de l'emploi du produit de cette vente, qui était un objet de deux cens mille livres tournois par mois. Les efpagnols qui ne vendaient point, ne pouvaient faire aucun commerce avec la Compagnie; de forte que celle-ci ne trouvait pas, même dans la févérité dont elle était la caufe, de quoi s'en féliciter.

- Cette crife mutuelle, qu'augmentait encore le commencement d'une épizootie cruelle, dura plufieurs mois. Elle amena une ordonnance du 12 Mars 1772, qui augmenta de deux fous la livre de viande dans l'étendue de la jurifdiction du Port-au-Prince; une autre ordonnance du 10 Mai qui accorda au fermier-général des boucheries de l'Oueft, le privilege vilége exclusif de l'achat des animaux qui pourraient sortir de la partie Espagnole, & une troisième ordonnance du 16 Juin 1772, pour l'introduction de plusieurs cargaisons de bœufs de l'Amérique septentrionale dans les ports qui n'étaient pas ceux de l'entrepôt, en attendant le rétablissement des hattes. Il est remarquable qu'à cette époque même, la ferme des boucheries était portée au prix annuel de 232,000 liv. Cependant il fallut consentir, le 16 Juillet 1772, à résilier le bail du fermier-général de la dépendance du Cap, du moins quant à cette ville, sauf la fourniture des troupes & de l'hôpital, & permettre à toute personne de fournir de la viande. Mais, dès le 22 Août, la boucherie du Cap redevint l'objet d'un privilége exclusif, quoique gratuit, parce que le président espagnol avait consenti à donner des permissions.

Ainsi par un aveuglement ou plutôt par une obstination coupable, on ne voulut pas voir que les funestes conséquences de cette ferme avaient tout perdu. En effet, lorsque les approvisionnémens étaient libres de la part des espagnols, & que les hattes françaises subsistaient encore, les fermiers des boucheries qui pouvaient avoir un grand choix & sur des bestiaux qu'on devait préférer de vendre à un prix médiocre plutôt que de les ramener, & sur ceux des hattes où l'on avait besoin de soutenir la concurence avec les espagnols, firent de grands bénéfices. Il n'en fallut pas davantage pour exciter la

cupidité des spéculateurs, & l'on vit monter rapidement le prix de la ferme.

Pour en trouver la valeur & s'assurer des gains
égaux à ceux de leurs prédécesseurs, les nouveaux
fermiers crurent qu'il fallait employer une industrie
nouvelle & envoyer des hommes intelligens qui
iraient faire des achats dans la partie espagnole même.
Ce calcul ne fut pas trompé ; mais ce fut son propre
succès qui avertit le gouvernement espagnol de prendre garde à une extraction très-considérable, faite
sans choix & sans mesure, & qui pouvait dépeupler
les hattes ; de là les premières gênes. Les fermiers
qui n'en voulaient pas, se dirigèrent alors sur le petit
nombre des hattes françaises, mais ce fut l'affaire
d'un instant que de les anéantir, parce que le haut
prix des animaux détermina aussi les hattiers à vendre
tout ce qu'on voulut leur acheter, & le recours aux
espagnols devint plus nécessaire que jamais. L'aver-
tissement donné au gouvernement espagnol n'avait
pas été oublié, & l'ardeur avec laquelle on chercha
des ressources ne fut point inapperçu. De là les taxes,
les prohibitions & toutes les entraves dont cette fourniture a été grevée ; tandis que le gouvernement
français qui sans doute prisait l'impôt au-dessus du
besoin de l'approvisionnement, semblait agir comme
si l'une de ces choses n'avait eu aucune influence sur
l'autre.

Les maux soufferts en 1772, portèrent la cour de
Versailles à se plaindre à celle de Madrid, de l'ex-

trême rigueur de la conduite du comte de Solano; mais celle-ci toujours uniforme dans ſes réponſes, dit qu'elle avait beſoin d'éclairciſſemens ſur les faits, & qu'en attendant, elle donnait des ordres pour que l'extraction eût lieu ſuivant la convention faite en 1766. Soit que ces ordres fuſſent conditionnels, ſoit que les motifs adoptés par le préſident lui paruſſent déciſifs, il ne changea rien à ſes diſpoſitions, & il fallut ſe plier à ce nouveau joug.

Au mois d'Avril 1775, il ne ſe trouva point d'en-chériſſeurs pour la ferme des boucheries du Cap, réſilié par ordonnance du 1er Mars, & malgré la chaleur que mettait l'Intendant à ſoutenir ce qu'il appellait une branche des revenus du roi, & ce qu'il reprochait aux officiers de la Sénéchauſſée du Cap, en termes fort durs, de vouloir ſupprimer, il fallut laiſſer la liberté à quiconque voudrait l'employer. On vit néanmoins, le 28 Août de la même année, un fer-mier aſſez hardi pour donner ſoixante-dix mille livres, par an, de la ferme générale des boucheries de la partie du Nord.

On devait naturellement ſe flatter que cette époque de 1775, où allait ſe traiter la grande affaire des limites entre les deux colonies, ſerait celle d'une convention entre les deux cours, où avouant le beſoin réciproque d'acheter & de vendre des animaux, on chercherait les moyens de rendre les avantages, ſi-non égaux, du moins aſſez ſenſibles du côté des français pour qu'ils euſſent la certitude d'être approviſionnés. J'ai dit dans l'expoſé des limites, comment cet objet majeur s'était terminé tout-à-coup , & celui de l'extraction des animaux dût paraître naturellement encore plus léger. On en parla , & dans le traité *sub sperati* du 29 Février 1776 & dans celui définitif du 3 Juin 1777 , par un article ainsi conçu:

„ L'extraction des animaux de la partie Espagnole,
„ pour la subsistance des troupes & des colons de sa
„ majesté très-chrétienne , sera accordée de la manière
„ la plus convenable au gouvernement espagnol , &
„ la moins onéreuse aux français ; en conséquence le
„ gouverneur commandant-général de la partie Espa-
„ gnole délivrera les passe-ports nécessaires pour
„ cette extraction , tant aux entrepreneurs des bou-
„ cheries françaises , qu'aux espagnols qui les deman-
„ deront „.

Au lieu de songer que quelques portions du terrain que le règlement des limites rendait au territoire français , pouvaient être consacrées à l'éducation des animaux , on réservait toutes les sollicitudes pour la ferme des boucheries. On avait même osé porter celle de la partie de l'Ouest à deux cens mille livres , & ce fut sur les plaintes de plusieurs membres de l'assemblée coloniale , formée au Port-au-Prince au mois d'Avril 1776 , qu'elle fut recriée & adjugée à quatre-vingt mille livres seulement.

Le 4 Juillet 1777 , M. de Solano écrivit à M. d'Argoût , gouverneur-général , que le roi d'Espagne voulait bien permettre , quant alors , que les français vinssent acheter les animaux des espagnols & que les uns & les autres pûssent les conduire indiſtinctement à leur deſtination, pourvu que les acheteurs ſe fiſſent accompagner juſqu'aux frontières par les vendeurs avec la permiſſion du préſident, pour n'être pas traités comme contrebandiers.

La déclaration de la guerre de 1778, ſuivit de près de noūveaux embarras & une nouvelle diſette qui ſe renouvellèrent dans les boucheries du Cap, en 1779. Mais cette guèrre n'empêcha cependant point la ferme des boucheries du Port-au-Prince d'arriver au mois de Février 1779, à 111,500 liv. en excitant dans cette dépendance le plus vif mécontentement. Le nombre des conſommateurs ayant encore groſſi en 1780, par les mouvemens militaires, les gênes de l'extraction furent encore plus ſenſibles; d'autant que le gouvernement eſpagnol ayant donné une permiſſion excluſive à un français d'extraire les animaux dans les cinq lieux principaux qui avoiſinent la colonie françaiſe, le français imagina d'en faire un commerce lucratif pour lui-même & de convertir les fermiers des boucheries, en acheteurs de la ſeconde main. L'état des choſes était tel, qu'au Port-au-Prince, à St.-Marc & au Môle, il n'y avait plus que des boucheries accidentelles ou *maronnes*, comme on les appelle, par la réſiliation forcée des baux. La manœuvre de l'homme au privilége & une augmentation de troupes déterminèrent les adminiſtrateurs à envoyer en 1781, M. de la Rivière, commiſſaire de la marine, auprès de M. de Péralta, préſident depuis 1779, pour aſſurer la ſubſiſtance de ſoldats qui étaient, pour ainsi dire, communs aux deux nations, puisque les régimens de Tourraine & d'Enghien étaient destinés à garder la partie espagnole & que celui d'Enghien a tenu garnison à San-Domingo, depuis la fin de 1780 jusqu'en 1781.

Cette considération puissante n'eût cependant pas un grand poids; car, quoiqu'en 1781 les fermiers du Nord eussent pris les boucheries sans prix de ferme, il fallut résilier le bail le 22 Mai 1782, à cause de leurs pertes, recevoir la soumission d'un autre fermier avec des conditions qui annonçaient l'embarras de cette partie du service public, & promettre le privilége pendant cinq ans gratuitement. Malgré cela on fut contraint au mois de Juillet d'augmenter le prix de la viande de trois sous, au mois d'Octobre d'accorder la permission générale de faire boucherie, & au mois de Décembre de faire un traité particulier pour le Cap, le Fort-Dauphin & Ouanaminthe, sur le pied de vingt-deux sous, six deniers la livre de bœuf. Le motif de l'utilité des troupes françaises pour les espagnols mêmes ayant disparu à la paix de 1783, les difficultés ne cessèrent point. Elles étaient telles qu'aux criées de la ferme des boucheries au mois d'Octobre de la même année, il ne se présenta point d'enchérisseurs. Il fallut, depuis ce tems, faire des réfractions successives aux fermiers, supprimer même le privilége exclusif dans un grand nombre d'endroits pour qu'ils fussent approvisionnés & enfin le désordre était au point que MM. de la Luzerne

& de Marbois, convaincus que la ferme des boucheries & l'exclufif qui en était la fuite néceffaire, avaient la plus funefte influence fur l'approvifionnement, renouvellèrent auprès du miniftre, des inftances faites, dès 1776, par MM. d'Énnery & de Vaivre, à la follicitation des membres des deux confeils de la colonie, dans des conférences particulières tenues à l'époque de l'affemblée coloniale de la même année, époque où ces confeils propofaient de remplacer le produit de la ferme par une taxe fur les cabarets, les jeux & les cafés.

MM. d'Énnery & de Vaivre avaient tenu leur parole à cet égard, puifque le roi les autorifa, par une lettre du miniftre du 21 Juin 1776, à fupprimer la ferme des boucheries & à y fubftituer une impofition de deux cens mille livres, fur les cabarets, billards & cafés & autres objets qui leur en paraîtraient fufceptibles. Mais cette converfion aurait exigé le concours d'une affemblée coloniale & il n'y en a pas eu depuis celle de 1776. MM. de la Luzerne & de Marbois infiftèrent pour obtenir une liberté fans laquelle le mal arrivait à fon comble. Ce qu'ils difaient n'apprenait rien de nouveau, mais cette vérité aurait encore été perdue comme des milliers d'autres, fi l'on n'avait pas eu à la foutenir par celles-ci ; que le taux de l'impofition de la colonie était furpaffé, même en n'y comprenant pas la ferme des boucheries ; que le tréfor de la colonie avait un fond de réferve & que la cherté de la ferme était un vrai leurre, puifqu'elle

amenait celle du prix des journées d'hôpitaux &
de la nourriture des troupes & autres entretenus du roi.

On vit enfin paraître le 17 Août 1787, quoique quatre - vingt - dix ans trop tard, une ordonnance qui est un éloge & pour les administrateurs
& pour le ministère, par laquelle la ferme des
boucheries fut supprimée, à compter du premier
Septembre suivant ; sauf à la prolonger jusqu'au
premier Janvier 1788, sans rétribution ; à titre
d'indemnité pour ceux des fermiers qui y auraient droit. Il y eut quatorze lieux principaux de
la colonie, exceptés de la concurrence générale
pour quiconque voudrait y vendre de la viande &
où l'on fixa le nombre des bouchers qui sont tenus d'obtenir une permission des officiers de police.
Il fut ordonné, comme disposition générale, que le
prix de la viande serait taxé, chaque mois, par les
mêmes officiers ; que qui que ce fût ne préten-
drait à une préférence quelconque dans l'ordre de
la livraison de la viande aux boucheries, & que
dans les quatorze lieux d'exception, celui qui ne
voudrait plus être boucher serait tenu de le déclarer au greffe deux mois à l'avance.

Ainsi a fini un monopole que M. Ducasse pré-
tendait avoir établi à la demande des habitans pour
que son produit fût appliqué avec celui de la ferme
des cabarets à l'ouverture ou à l'entretien des chemins ; monopole d'autant plus odieux, que toutes
les autorités le maintenaient & le favorisaient ; que
les privilégiés presque sûrs de ne pas manquer de
viande,

viande, n'avaient pas toujours une vive follicitude pour le refte du public, & que le gouvernement ne voyait jamais que le prix de la ferme. Depuis l'ordonnance de 1787, l'induftrie s'eft manifeftée de toute part; les colons français qui n'ont plus rencontré le dédain des fermiers pour quelques animaux que le territoire leur offrait, fe font occupés de cette reffource. L'approvifionnement eft devenu moins pénible, parce que la cupidité était moindre, & que la concurrence a été générale; les Efpagnols eux-mêmes ne pouvant plus reconnaître, comme autrefois, les agens du fermier, ont été moins fûrs de vendre à un certain prix, & ils ont craint qu'il y eût moins d'acheteurs. Ces derniers ne calculant plus fur un prix de vente fixe & fur le bénéfice de la ferme, ont été plus avant dans la partie Efpagnole chercher des hattes qui avaient pris un affez grand accroiffement; obligés pour la taxe de chaque mois, de montrer leurs quittances & leurs moyens, ils ont craint que quelqu'un de plus intelligent ne les remplaçât, ou ne leur nuisît par une taxe inférieure; en un mot, tous les effets que la liberté produit, & qu'elle feule peut produire, fe font réunis, pour affaiblir, du moins, les maux d'une ferme des boucheries; maux, dont plufieurs font irréparables, notamment celui de l'augmentation de la valeur des animaux, puifque cette augmentation n'eft un bénéfice que pour les étrangers. Enfin tel a été le fuccès de la fuppreffion de cette ferme, qu'au mois de Juillet 1789, on a inféré dans la gazette française, à la sollicitation du gouvernement Espagnol, un avis portant que le président a permis à tout Espagnol de vendre ses animaux, sans permission & sans privilége.

La fourniture des bêtes à corne pour la partie Française, ne peut être évaluée à moins de quinze mille têtes par an, dont les Espagnols fournissent les quatre - cinquièmes. En les comptant à trente piastres gourde pièce, y compris les frais de conduite par des Espagnols, c'est un total de trois millions des Colonies, ou deux millions de France, qui donne la vraie mesure de notre commerce avec les Espagnols ; puisque s'ils apportent aussi des viandes fumées ou tassau, des sacs faits de plantes filamenteuses ou des cuirs, & s'ils introduisent quelques mulets, quelques chevaux & un peu de tabac, ces derniers objets ne venant qu'en contrebande, ils sont vendus moins chers, ce qui compense ce qu'il faudrait déduire des trente piastres gourdes que j'ai données pour prix moyen aux bêtes extraites d'une manière licite.

Les trois millions que les Espagnols reçoivent de nous, forment les trois-quarts du produit de leur Colonie ; car on ne peut pas porter à plus d'un million le résultat de leurs cultures, & la vente des cuirs des animaux qu'ils consomment ; & cependant ces quatre millions donnent annuellement quatre cens mille livres au fisc, ce qui est un impôt de dix pour cent, vraiment énorme, comparé à celui des colonies françaises. Toujours est-il vrai que c'est dans leurs relations avec nous qu'ils trouvent leurs moyens d'exiſtence, & qu'ils en ſont redevables à leurs hattes.

Mais ce genre d'établiſſemens demande lui-même des réformes & des ſoins, ſi les Eſpagnols ne veulent pas voir diminuer & peut-être tarir cette ſource de leur richeſſe.

La première précaution à prendre, ſerait de cir- conſcrire les hattes, de manière à diminuer le nombre des bêtes ſauvages ou extravagantes, & à rendre plus aiſé le traitement de celles qui ſont malades.

On conçoit aiſément que des animaux qu'on voit à peine, parce qu'ils peuvent fuir loin de l'homme à l'approche duquel rien ne les accoutume, doivent manquer de ſoins, & que ces ſoins ſont encore négligés, préciſément parce qu'ils ſont pénibles. Il y aurait donc un gain réel à n'avoir que des hattes, dont le terrain ſerait proportionné à leur utilité. La conſervation des animaux & leur plus grande multi- plication en ſeraient des conſéquences fructueuſes, & en adoptant un ſyſtême pour l'adminiſtration des hattes on améliorerait les eſpèces, parce qu'il de- viendrait poſſible de faire des choix éclairés pour les ſouches ; on retrancherait les individus faibles du calcul de la reproduction, & les maladies des animaux qui deviennent chaque jour plus communes & plus deſtructives, pourraient être combattues avec ſuccès.

Il eſt impoſſible de n'être pas très-étonné, lorſqu'on ſait que, malgré ſa vaſte étendue preſque entièrement conſacrée à l'éducation des animaux, la colonie eſpa- gnole eſt loin de ſatisfaire aux beſoins ſans ceſſe croiſsant de la colonie française. Il y aurait cependant un avantage réel pour elles deux à fournir & à recevoir des sujets qui, nés sur le même sol, se trouveraient disposés par cela seul, à être plus facilement acclimatés, lorsqu'on voudrait les employer dans la partie française. Mais l'incurie, mais des habitudes vicieuses ont opposé des obstacles réels à des moyens de jouissances & de profit.

Les chevaux particulièrement, manquent à la colonie française qui est obligée d'en attendre de l'Amérique septentrionale. Ceux que celle-ci lui envoye sont presque toujours gros, lourds, rarement bien faits, peu propres aux grandes courses quand il faut les faire dans les parties montueuses, assez difficiles à nourrir & bien plus difficiles encore à acclimater. Il est infiniment rare de trouver à St-Domingue un cheval des États-Unis dont la bouche soit bonne ; presque tous sont peu sensibles au mors, & on ne peut guères les diriger que par des mouvemens qui fatiguent le cavalier. C'est d'eux que l'île a reçu la morve & la gourme ; du moins ces deux maladies y ont-elles la même date que celle de leur introduction.

S'il vient quelques chevaux de la partie espagnole, on peut dire qu'ils sont *sauvages*, & s'ils ont été domptés, c'est d'une manière qui a dû concourir à les rendre farouches.

Il y a néanmoins dans les deux parties de l'île, des maquignons, presque toujours hommes de couleur, qui n'ont eu d'autre vocation que leur goût, d'autres principes que ceux qu'ils se font faits. Le hasard leur donne quelquefois des talens , & la paffion que les mulâtres ont pour les chevaux, développe bientôt les difpofitions heureufes qu'ils ont pour toute forte d'exercice ; mais pour un maquignon devenu écuyer, mille autres ne font propres qu'à gâter les animaux qu'on leur confie.

Le plus fouvent un créol efpagnol ou un nègre quelconque, effaye de dompter les chevaux.

C'eft un fpectacle affez fingulier que celui de cet effai. Pour parvenir à dompter un cheval, on lui jette quelquefois de vingt à vingt-cinq pieds, avec une adreffe étonnante, un éperlin (licou), à l'extrêmité duquel eft un nœud coulant qui va paffer au cou du cheval ; enfuite on jette des cordes avec de pareils nœuds, fous les pas de l'animal, & l'on épie le moment de lui prendre l'une des jambes de derrière. Quand il eft faifi de cette manière, on paffe le bout du licou dans un poteau dont on veut que le cheval s'approche ; s'il s'agite, on lui tire la jambe en arrière, & la crainte de tomber le force à avancer. Lorfqu'il eft arrivé au poteau on lui élève à la fois la tête & la jambe, il s'abat & plufieurs perfonnes fau-tent fur lui pour le contenir à terre. C'eft là qu'on lui met une felle & qu'on le garotte de manière que la jambe de derrière foit attachée à celle de devant du côté oppofé, & que le lien correfponde au nœud qu'on a paffé au cou. Pendant cette opération, qui eft très-impatiemment foufferte, on a fait prendre un autre cheval déjà dompté, & qui, fellé ou non fellé, eft mis, pour l'exemple, devant celui qu'on veut former. On fait relever le cheval qui essaye tous les moyens de se débarasser, mais ils sont infructueux, à moins que les liens ne se rompent, ou que l'animal ne vienne à se blesser, ce qui force à le lâcher jusqu'à une meilleure occasion.

Celui qui doit monter sur le cheval, est armé d'un manche de fouet fort & noueux. Il guette le moment de se mettre en selle & s'y tient sans étrier. Alors l'autre cheval qui est aussi monté par un cavalier, vient se placer en avant de celui qui doit voir ainsi à quoi on le destine.

On conçoit facilement que les efforts & la résistance du cheval, toûjours proportionnés à ses forces ou favorisés par le goût de l'indépendance, doivent le porter à tout tenter pour se débarasser de sa charge. Mais s'il veut ruer, la corde, qui unit la jambe de derrière à celle de devant, l'en empêche. S'il veut agiter la tête, le nœud lui presse le cou. Pendant qu'il s'agite, celui qui l'a monté (sur-tout si c'est un nègre) l'assomme avec son manche de fouet; souvent même d'autres mains armées de longues gaules, en assènent des coups peu mesurés sur la croupe de l'animal; un seul parti lui reste, & c'est celui qui fait courir le plus de risque au maquignon, d'ailleurs très-peu inquiet de tous les sauts & de toutes les agitations de sa monture, c'est de se renverser sur le côté; aussi est-ce ce que l'on redoute; & dès que le cavalier s'apperçoit de ce dessein, il saute à terre, puis il remonte, puis il jure, puis il frappe; enfin à moins que le cheval ne soit du petit nombre de ceux qui résistent jusqu'à la mort, l'écuyer finit par le dompter, & par attribuer à son talent ce que la fatigue, les coups & la fermeté ont produit presque tout seuls.

Voilà la vraie cause d'un mal presque universel dans les deux colonies, parce que cet usage existe dans l'une & dans l'autre, c'est que les chevaux ont tous des défauts dangereux ; rétifs, ombrageux, quinteux, craintifs, ils sont presque toujours faits pour allarmer. Il est réellement regrettable que ces chevaux ne soient pas mieux soignés. Ils ont en général le pied singu-lièrement sûr, & cet avantage n'est pas médiocre dans une colonie où les chemins des montagnes ne sont quelquefois que des sentiers bordés de précipices.

Les hattes ont bien d'autres vices dans leur régime anti-populateur. Le nombre des jumens ne se trouve pas proportionné à celui des étalons, & quelquefois ces derniers sont pris sans choix & employés trop jeunes. Les jumens n'obtiennent point de repos, on ne les sépare point du troupeau lorsqu'elles sont pleines ; devenues lourdes, sur-tout dans les derniers mois de la gestation, elles demeurent exposées aux coups de pied des autres animaux, & ces accidens trop com-muns font périr & la mère & le fruit. Souvent les jumens mettent bas dans des lieux écartés, & le nouveau-né y périt ; l'on dompte les poulains lors-qu'ils sont encore trop jeunes, & l'on ne veille point à leur sevrage.

On est assez dans l'usage de couper les chevaux dans la partie espagnole. Cette opération est encore faite d'une manière souvent précoce. Elle est très-périlleuse pour l'animal, principalement lorfqu'on la tente dans une faifon humide, & lorfqu'on croit, mal à propos, qu'elle peut être confiée à toutes les mains. Autrefois un grand nombre de chevaux en périffaient, mais ce malheur devient plus rare depuis que des gens-de-couleur intelligens qui ont acquis fur ce point une pratique fûre, opèrent avec une grande dextérité.

La colonie efpagnole, où un cheval ordinaire coûte de quarante à cinquante piaftres-gourdes, pourrait trouver chez fa voifine, un débouché annuel d'environ deux mille de ces animaux. Au lieu de cela elle en laiffe faire une fourniture infuffifante par le continent américain auquel ils font payés depuis cinquante jufqu'à quatre-vingt piaftres-gourdes.

La même négligence fe fait remarquer par rapport aux mulets dont la partie françaife a encore un bien plus grand befoin. Dans les commencemens de nos établiffemens, la colonie efpagnole nous approvifionnait en ce genre, mais comme l'abandon de nos hattes nous fit manquer de bœufs pour nos boucheries, les créols efpagnols ont dirigé tous leurs foins vers cette fourniture. Il y a cependant des mulets dans la partie efpagnole, mais en petit nombre.

Ils font plus petits que ceux tirés des côtes du continent efpagnol dans le Golphe du Mexique, & c'eft un défavantage quand on les deftine à tirer

les

les voitures de charge ou celles de voyage dans la partie française. Ils ont le caractère farouche des chevaux du même lieu, parce qu'ils font élevés enfemble & qu'on les dompte auffi de la même manière, excepté qu'on eft encore moins avare de coups envers eux.

Les négligences commifes à l'égard des chevaux font applicables aux mulets. Si les premiers font vicieux, ceux-ci qui participent à leurs défauts, les outrent d'avantage. Leur entêtement, qui eft devenu un terme de comparaifon proverbiale, fe fait remarquer, fur-tout à St-Domingue. On le croirait même fait pour tout furmonter, quand on n'a pas vu le mulet le plus obftiné réduit enfin à faire ce qu'un nègre exige de lui.

Quoique le mulet foit plus facile à nourrir que le cheval & le bœuf, & qu'il fouffre moins de la féchereffe, fon éducation eft en général plus difficile que celle de ces animaux. Le muleton, plus délicat que le poulain, eft fujet à périr avant la troifième année. La tique (accarus), infecte blanchâtre d'abord & d'un gris fale en vieilliffant, qui s'attache à la peau des beftiaux fur-tout dans les articulations & derrière les oreilles où il fe gorge de fang aux dépens de l'animal, tourmente les jeunes mulets par une violente démangeaifon que fuit la gale. Ces raifons font encore que les colons efpagnols de St-Domingue fe foucient peu d'en élever. Ils ne font pas comme les hartiers de la côte du Continent, jaloux d'avoir des baudets d'une belle espèce que ceux-ci vont acheter dans la petite île d'Aroube jusqu'à cinq cens piaftres-gourdes. Ainfi la colonie française qui a befoin, chaque année, d'environ cinq mille mulets, dont le taux moyen peut être évalué à cent piaftres gourdes, offre encore cette fpéculation à fes voifins qui aiment mieux la laiffer faire à d'autres établiffe-mens efpagnols du Golphe du Mexique, quoique ces derniers n'y trouvent pas un bénéfice auffi net, ni le colon français autant de reffource par la néceffité d'acclimater ces animaux qui ont éprouvé la fatigue & le mal-aife d'une traverfée de mer toujours très-nuifible, & cette circonftance eft tellement évaluée, qu'on paye plus cher un mulet de la partie efpagnole. On en a vu venir autrefois de la Géorgie, l'un des États-Unis de l'Amérique Septentrionale, & ils avaient même bien réuffi, mais leur prix était trop cher.

Les efpagnols de St-Domingue laiffent auffi fournir, de la même manière, des ânes que l'on employe dans plufieurs lieux de la partie française pour de petits charrois; par exemple, pour porter le linge à l'endroit où il doit être lavé, quand c'est à une petite diftance d'une ville, comme au Port-au-Prince. Les ânes réuffiffent très-bien dans la partie efpagnole où l'on en trouvait même de fauvages, par grandes bandes, en 1698. Les efpagnols de l'île en envoyent cependant quelques-uns, & particulièrement des baudets qui fe nomment, à St-Domingue, bour (de l'efpagnol *burro*), avec cette circonftance, qu'on appelle *bour-équior*, celui qui eft deftiné aux jumens. On trouverait à vendre avantageufement un certain nombre d'ânes, parce que le prix de cet animal qui eft communément de quinze à vingt piaftres gourdes, le met à la portée d'un grand nombre d'acheteurs, & que dans les environs des villes, un ou plufieurs ânes conduits par un feul nègre, qui lui-même porterait quelque chofe au marché, rendraient les tranfports faciles & économiques, d'autant que l'âne confomme très-peu pour fa nourriture.

Mais c'eft à l'égard des bêtes à corne que les créols efpagnols ont befoin d'adopter un nouveau plan. On a vu quel nombre infini de ces animaux font, en quelque forte, perdus pour eux & fans que qui que ce foit en tire une utilité qui mérite d'être comptée. Avec des hattes plus bornées, ils pourraient fe fervir avec intelligence de l'inclination qu'ont ces animaux à fe former en troupes ou hattas, & l'employer pour les gouverner, en tâchant eux-mêmes de diriger les chefs de ces hattas ou pontes qui préfentent quelques traits d'un caractère particulier, que je conjure le Lecteur de me permettre de lui faire remarquer.

L'étalon d'un hatta en expulfe avec une extrême vigilance tous les poulains qui atteignent deux ans & demi.

Une autre obfervation, que je ne fais cependant que répéter, c'eft que dans plufieurs hattas, on a vu des étalons qui refufent abfolument les jeunes *pouliches*, provenues d'eux, & qui les forcent même quelquefois à s'éloigner du hatta, où elles reviennent pourvu qu'elles en aient été absolument séparées pendant une année.

Un soin que prennent ordinairement d'eux-mêmes les différens étalons chefs des hattas, c'est de s'éviter réciproquement, & l'on doit avoir grand soin d'empêcher que les baudets ou bours ne puissent exercer leur fureur contre les chevaux étalons, sur-tout lorsque des préférences pourraient éveiller leur jalousie, parce que les baudets parviennent presque toujours alors à les étrangler. Il est même assez curieux d'apprendre qu'en général dans la rencontre de deux baudets, s'il en est un qui serve aux jumens, il est presque toujours sacrifié par celui qui est resté fidelle aux femelles de son espèce.

Mais le trait le plus frappant, c'est celui qu'on peut observer dans un hatta de bêtes à cornes & qui est également sensible dans les savanes de plusieurs habitations, où un taureau s'arroge l'empire, comme le fait le taureau chef du hatta (*).

Ce taureau principal domine sur tout le *hatta*, & en écarte tout ce qui pourrait lui faire ombrage. A son aspect les autres taureaux qui ont grandi dans le *hatta* se retirent. Les vaches lui conservent leurs faveurs, ou du moins elles sont obligées de fuir sa présence si elles veulent lui être infidelles, sans faire courir de risques à l'amant favorisé. C'est un sultan qui donne despotiquement des loix & qui prétend régner sans partage :

____

(*) J'ai observé ce fait à la Martinique aussi, par rapport au taureau principal qu'on y nomme *Maître savane*.

mais la nature incite de jeunes taureaux à lui difputer l'empire.

Dès que l'âge des défirs eft arrivé, dès que l'amour, cette paffion tumultueufe, s'allume dans le cœur d'un taureau, fon courage s'éveille, & il commence à s'irriter de l'efpèce d'afferviffement où veut le tenir le maître du troupeau. Déjà il fe met fur fon paffage, & femble affecter de ne fe déplacer qu'avec lenteur à fon approche; bientôt il ne recule qu'en murmurant; enfin un jour arrive, que plein de rage, il lui prefente les pointes menaçantes, dont fa tête eft armée. Cet excès d'audace enflamme le maître taureau, qui fond en furieux fur le téméraire affez ofé pour le braver. Accoutumé aux combats, fier de fa domination, il mugit & répand l'effroi parmi tout le troupeau, qui immobile & confterné, fixe les combattans, & femble attendre ce que le fort va décider.

Dans cette lutte, le plus fouvent inégale, le jeune taureau plus impatient qu'adroit, s'épuife en vains efforts, & bientôt il eft réduit à éviter par la fuite, la mort dont il finirait par être puni. Le vainqueur dédaigne de le pourfuivre, & glorieux d'avoir encore affermi fa domination, il fe contente de tenir le vaincu loin de lui, & d'annoncer par fa contenance orgueilleufe, qu'il eft digne du rang où fa force l'a porté. Il femble même que le troupeau affecte de lui renouveller fon hommage, & de paraître fatisfait de l'avoir vu triompher; à moins que cet événement ne devienne la caufe de la formation d'un nouvel hatta, lorfque des animaux s'attachent au vaincu, & le fuivent dans fon infortune, en l'adoptant à leur tour pour chef.

Si le taureau que son courage a abusé, continue à faire partie du hatta, il y nourrit toujours une haine qu'aigrit encore la vue d'une génisse dont il brûle de faire la conquête; il s'essaie contre d'autres taureaux du hatta, & dans ces jeux, images des combats, il prend une plus juste idée de ses forces; il apprend à en faire l'emploi, & lorsqu'il ne peut plus endurer le souvenir de sa défaite, il brave de nouveau l'auteur de sa honte, & cherche à la venger.

Qui pourrait décrire les coups redoublés & dangereux que se portent ces deux rivaux qui se disputent le pouvoir absolu! Les échos retentissent de leurs mugissemens; au bruit que cause le choc de leurs cornes aigues, on peut juger de l'impétuosité de leurs attaques. Cent fois la victoire les trompe tous deux; leurs bouches écument de rage & de chaleur: tantôt s'opposant réciproquement leurs têtes, ils se roidissent l'un contre l'autre, jusqu'à ce que l'avantage du terrain, un faux mouvement où une espèce de colère de l'inutilité de cette tentative, force l'un d'eux, où même tous les deux, à reculer; tantôt se jettant l'un sur l'autre avec élan, ils semblent chercher à se pénétrer les flancs des pointes dont ils sont armés. Mais le terme fatal est arrivé. Les années ont trahi l'espoir de ce chef superbe, qui croyait son empire aussi durable que son existence. L'ardeur de la jeunesse en secondant les vœux de son ennemi, lui assure la victoire. Étrange & douloureuse vicissitude! Ce tyran auquel tout obéissait il n'y a qu'un moment, commence à éviter les coups dont l'accable son rival. Il recoure à la ruse pour ne plus combattre ; il recule ; il fuit : il est déjà au milieu du troupeau, où il cherche à cacher son déshonneur & son dépit impuissant.

Pendant qu'il abandonne ainsi le premier rang où le sort l'avait mis, celui qui le remplace, reçoit à son tour les adulations de tout ce qui l'environne. Encore agité par la colère dont son cœur vient de brûler, elle perce à travers la joie que lui donne son nouveau succès. Il élève sa tête altière comme pour chercher celui qu'il a défait, & déclarer qu'il le bannit de sa présence. Tout annonce que son empire sera aussi absolu que celui de son prédécesseur.

Tandis qu'il s'énorgueillit ainsi de son triomphe, & que son ardente jalousie lui prépare des ennemis qui doivent lui ravir un jour le pouvoir dont il est si fier, cherchons le vaincu.

C'est dans les lieux où il peut se flatter d'éviter les regards courroucés de son rival, qu'il se tient triste & consterné. La douleur qui l'assiége & qu'aiguise le souvenir de ses beaux jours, le maigrit & le dessèche. Son œil s'affoiblit, on y voit le désespoir, & la mort en est bientôt le terme. Utile & laborieux animal, pourquoi la nature t'a-t-elle accordé, comme à l'homme, la funeste faculté de te ressouvenir du passé & de sentir des regrets qui causent ton trépas !

Le bœuf de la partie Espagnole est petit comme tous ceux des Antilles. Il a une vivacité assez marquée & dont les créoles se servent quelquefois pour employer le taureau au plaisir qui porte le nom de combat de cet animal. La macorne ou paire de ces bœufs ne pése d'ordinaire que six ou sept cens livres, & l'usage de les vendre trop jeunes, nuit à la consommation, en même-tems qu'elle est cause que les boucheries françaises n'offrent pas une viande succulente.

. Au soin de corriger l'abus de l'étendue disproportionnée des hattes qui arrête la multiplication ou qui la rend souvent sans utilité, à l'abandon du calcul qui fait croire avantageux de vendre des bœufs qui n'ont pas acquis toute leur croissance, devrait se réunir encore, l'examen des vices qui se sont glissés dans les formes adoptées pour régler le tribut ou pésée dont les hattiers sont tenus à l'égard des boucheries de la ville de San-Domingo, & la résolution de travailler à détruire les plantes qui gâtent les pâturages & qui menacent de les ravir aux animaux qui ne peuvent s'en passer.

· Il est un autre inconvénient qu'a fait naître l'excès même d'une précaution, c'est le défaut de proportion entre les bœufs & les vaches. Comme l'extraction de celles-ci est presque généralement interdite, on a, sur-tout durant la guèrre de 1778, fourni beaucoup de taureaux, & il est resté un grand nombre de femelles devenues infécondes faute de mâles.

Il est fort étonnant que le gouvernement espagnol n'ait pas réalisé, dans cette colonie, le régime si sage *de la Mesta*, établissement formé en Espagne pour tout ce qui concerne les troupeaux, & que les loix des Indes prescrivent d'imiter. Suivant ces

dernières,

dernières; il devrait y avoir un ou deux alcades de *Mejía*, élus par le Corps-de-Ville, & tout propriétaire de trois cens têtes de bétail, ferait confrère de la *Meßa.* Il y aurait deux affemblées par an, aux mois de Janvier & de Juillet, où affifteraient au moins cinq confrères, & où l'on examinerait ce qui ferait utile à la multi-plication des animaux & à l'amélioration des efpèces; où les animaux épaves feraient conduits & réclamés; en un mot, où un objet auffi majeur ferait fpéciale-ment examiné & foumis à une plus grande maffe de lumières. De cette réunion naîtraient des avis falu-taires, on s'entrecommuniquerait des vues utiles, les vols d'animaux qui ne font ni très-difficiles, ni très-rares, qui offrent une reffource aux fainéans & aux vagabonds, & qui entretiennent une corruption morale dont l'influence ne peut être que funefte, feraient prévenus ou punis, & il y aurait gain pour tous. Mais peut-être auffi, les préfidens ont-ils redouté de voir diminuer leur empire dans une matière qui place prefque tous les individus dans leur dépendance, attendu que prefque tous les individus poffèdent des animaux; d'autant que par rapport au gouvernement de la branche françaife, elle leur donne une impor-tance qu'aucune autre partie de leur adminiftration ne faurait produire.

On eft donc très-fondé à dire que fi le gouverne-ment efpagnol ne fe faifait pas une véritable étude de maintenir dans la médiocrité les colons de Saint-Domingue, fans doute pour rendre fon pouvoir plus impofant, il faurait mettre en ufage des moyens dont on ne peut lui faire l'injure de croire qu'il n'apperçoit pas l'utilité. En effet, est-il possible qu'il ne sache pas que la difficulté où se trouvent des parties trop éloignées du territoire français, d'y fournir des animaux, pourrait être facilement levée en permettant à des barques espagnoles ou même françaises, d'aller chercher ces animaux par mer. L'immense étendue de la plaine de la partie orientale de l'île, suffit pour faire juger de quelle ressource ce commerce serait pour elle : commerce qui serait encore moins coûteux que celui que font les américains, qui apportent des bestiaux tirés des points situés à l'Est des États-Unis.

Ces bœufs qui viennent particulièrement de la Nouvelle-Angleterre, & auxquels on reproche d'avoir introduit le charbon dans la colonie, coûtent depuis vingt-quatre jusqu'à trente-deux piastres gourdes pièce, tandis que la paire de bœufs de la partie espagnole n'est payée que quarante ou cinquante gourdes ; la paire de vaches de vingt à vingt-quatre, & la paire de veaux d'un an, (car on n'en obtient point de plus jeunes), vingt gourdes. Certainement si l'armateur américain bénéficie, l'Espagnol doit avoir un gain plus assuré. Ce gain a même été rapidement croissant pour ce dernier, puisque la macorne ou paire de bœufs qui ne lui donnait, en 1762, que vingt-deux gourdes, en valait vingt-six en 1776, qu'elle coûte presque le double au moment actuel, & que pendant la guerre de 1778, elle a même passé quatre-vingt gourdes. Et si l'on réfléchit à la rapide progression de Saint-Domingue dans sa population & dans son produit, on sera bientôt convaincu que les habitans de la partie Espagnole ne se nuiraient pas quand bien même ils donneraient une grande latitude à leurs soins pour augmenter le nombre de leurs animaux.

Aux ressources du bétail on pourrait, selon Valverde, ajouter celle de l'agriculture & celle de l'extraction des mines. Il est très-vrai que dans les deux mille sept cens lieues carrées du terrain plane ou presque plane de la partie Espagnole, on pourrait, en supposant qu'il n'y en eût que la dixième partie propre à la culture de la canne, y placer au moins mille établissemens à sucre de trois cens carreaux chacun, & dans l'excédant mettre un nombre plus que sextuple de caféteries, indigotteries, places à vivre, &c. &c.; c'est-à-dire doubler en valeur ce que l'on compte d'établissemens dans la partie Française, puisque les sucreries auraient une plus grande étendue.

Valverde va même jusqu'à soutenir que cette immense culture ne nuirait point à l'éducation des animaux, parce que celle-ci aurait les parties intérieures qui sont trop éloignées pour le transport des denrées, & qui sont précisément les plus propres au bétail par leur température, l'épaisseur des feuillages & la pureté des eaux. C'est toujours à l'étendue illimitée des hattes qu'il reproche leur infériorité. C'est elle, dit-il, qui arrête la multiplication, parce que tous les animaux sont abandonnés à eux-mêmes. Il offre en preuve le fait que cette multiplication n'est évaluée qu'à cinq pour cent pour le tribut ou pesée, dans lequel on

ne compte même pas les extravagans ou les braves,
par l'impossibilité de les soumettre à un calcul; tandis
qu'il est de petites hattes où elle a été jusqu'à vingt
& vingt-cinq, & qu'on voit même chez de petits
habitans, qu'avec vingt vaches & deux taureaux, ils
ont chaque année, autant de veaux ou de génisses
que de mères. Ce serait donc un des effets heureux de
la culture, que de resserrer les hattes & d'être cause
qu'on n'aurait plus que des animaux doux & féconds;
de sorte qu'on retirerait plus de profit alors de mille
têtes de bétail, que maintenant de huit ou dix mille
animaux, composés de doux, d'extravagans, &c.

Actuellement presque toutes les hattes sont confiées
aux soins d'un nègre décoré du titre de Majoral, &
tout le monde sait que son unique soin est de gagner
de quoi s'acheter, & que deux ou trois autres esclaves
placés sous lui, sont insuffisans pour que l'éducation
des animaux soit vraiment profitable.

Mais c'est principalement au sujet des mines que
Valverde s'extasie sur la valeur que peut acquérir la
colonie Espagnole. „Elles ont fait sa gloire autrefois,
„ elles peuvent donc la reproduire. Le court travail
„ qu'on y a fait ne peut pas les avoir épuisées; il y en
„ a un grand nombre qu'on n'a pas même ouvertes,
„ leur exploitation serait donc aussi facile qu'autrefois.
„ Une mine donnerait le double d'une sucrerie, avec
„ le même nombre de bras, & le métal n'est pas
„ sujet à autant de vicissitudes que la canne à sucre.
„ C'est en vain qu'on élève des difficultés tirées de
„ l'insalubrité des mines, puisque des observations,

„ relatives à celles de Saint-Domingue, prouvent le
„ contraire, & l'argument tiré de ce que tant d'In-
„ diens y ont trouvé la mort, ne prouve que les vices
„ de l'administration & plus encore la cupidité des
„ premiers Espagnols qui, non contens de plier au
„ travail des hommes qui n'y étaient pas faits,
„ exigèrent d'eux au-delà de leurs forces. Je connais
„ bien, dit enfin le même auteur, la maxime tant de
„ fois répétée, que la meilleure mine, est la culture
„ de la terre ; les nations qui n'en n'ont pas d'autres,
„ peuvent se consoler de cette manière, & puisque
„ l'or est le dieu des nations, son culte doit assurer
„ à celle chez laquelle il habite, l'opulence & la
„ puissance. „

Tels sont à peu près les raisonnemens de Valverde
dont la réfutation pourrait elle-même être sujette à
une controverse. Mais il ne s'est pas dissimulé qu'ils
venaient tous se briser contre cette vérité qu'il faut
des cultivateurs & des ouvriers, & que les uns & les
autres ne pouvant être que des esclaves, il n'est point
d'entreprise possible sans cet agent indispensable. Or
qu'est-ce que quatorze mille nègres lorsqu'il en faudrait au moins un million & demi pour porter proportionnellement la partie espagnole au-degré de culture où est arrivée la partie française !

L'Espagne est même de toutes les puissances qui
possèdent des colonies celle qui a le moins de ressources pour se procurer des nègres, puisqu'elle n'a i
établissement ni comptoir à la côte d'Afrique &
qu'elle est réduite à n'en recevoir que de la seconde

main, elle qui la première a imaginé d'employer les bras africains à féconder la terre américaine. L'Espagne, dans les idées de laquelle il s'est fait plus d'une révolution depuis trente ans en matière d'administration, a bien senti l'importance de faire fleurir ses colonies, mais ces idées tardivement inspirées par l'exemple des autres nations, a trouvé cet exemple même pour obstacle & pour obstacle presqu'insurmontable, parce que tel est l'effet de la concurrence pour celui qui se livre le dernier à un commerce dont tous les moyens appartiennent à ses rivaux. D'ailleurs le gouvernement espagnol a une si immense surface à fertiliser, que quelques grands que puissent être ses moyens, ils deviennent presqu'insensibles pour chaque partie, pour chaque colonie.

On en a eu une preuve bien convaincante dans le peu d'utilité de la loi du 12 Avril 1786, portée pour l'amélioration de la colonie espagnole de St-Domingue. On y voit que pour accomplir des demandes faites par cette colonie depuis 1767, le roi d'Espagne déclare que l'introduction des nègres y sera libre & exempte de tous droits lorsqu'ils seront employés à la culture, ainsi que l'exportation des métaux ou des denrées qui feront le produit de leur vente. Elle promet d'en faire distribuer quinze cens à des propriétaires de terre pour n'être payés que dans deux ans. Les nègres domestiques sont soumis à un impôt afin de déterminer à les employer à la culture & cet impôt est destiné à donner des gratifications à ceux qui importeront des nègres. La franchife des droits eft étendue aux inf-trumens de culture, aux uftenfiles de manufactures & à la fortie de l'eau-de-vie de canne (guildiverie ou tafia). Tous les nouveaux établiffemens font exempts de la dixme pendant dix ans.

La même loi, embraffant d'autres objets de l'ad-miniftration coloniale, prefcrit de former le plan d'un code dont le double objet eft de concilier le bon traitement & la protection des efclaves, avec la confervation de la propriété, de l'autorité, & du pouvoir des maîtres. Le préfident, l'Audience, les juftices, les officiers municipaux, les officiers royaux & les députés des cultivateurs & des propriétaires fonciers font appelés à concourir pour ce plan, lors duquel il leur eft recommandé d'avoir fous leurs yeux, l'ordonnance du roi de France du 3 Décembre 1784, non-feulement pour ce qui concerne les nègres, mais encore pour d'autres objets effen-tiels à la profpérité des colonies. Après cet éloge pompeux d'une loi qui n'a excité que des mécon-tentemens dans la partie françaife de St-Domingue, celle dont je rend compte veut encore que la mê-me affemblée s'occupe des meilleurs moyens de réunir en peuplades & d'attacher au fol, les hom-mes dont la vie errante & vagabonde eft un fléau pour tous les pays. Enfin, & cette difpofition eft très-remarquable, l'article onze de la loi porte, que le bétail *étant l'unique fubfiftance qui, jufqu'à préfent, a foutenu les habitans, au moyen du commerce qu'ils font avec la partie françaife, fa majefté fupprime l'ufage*

des pesées, les boucheries devant être approvision-
nées soit par les hattiers, soit par ceux qui font
le commerce des bestiaux & qui s'obligeront sur
des criées publiques, au rabais, à les pourvoir à un
prix raisonnable, sans leur imposer aucun droit ni
charge, afin de n'en pas faire rejaillir l'effet sur le consommateur, au soulagement duquel & des troupes, le
roi entend maintenir invariablement le prix de vingt &
un quartons (*) (environ quatorze sous de France)
pour cinq livres de viande. Mais si l'on est forcé
d'employer les pesées, la cédule ordonne de les faire
de manière que chaque cinq livres de viande soit
porté jusqu'à quarante-deux quartons, pour que chaque bête rende aux fournisseurs la même valeur que
s'ils l'eussent vendue dans la ville de Santo-Domingo,
& qu'ils soient ainsi dédommagés des pertes qu'ils
éprouvent par la mortalité & par la perte des animaux égarés dans les chemins lors de leur conduite.
Ici je vais copier la loi:

  ,, Et quant aux ventes exclusives que les proprié-
,, taires seraient obligés de faire aux deux commis-
,, sionnaires français, *& attendu qu'il est indispensable*
,, *de se soustraire à la loi que ces étrangers veulent*
,, *leur faire*, & qui est contraire à mon intention
,, royale; comme le bénéfice des propriétaires des
,, bestiaux dépend de la concurrence des acheteurs,
,, je veux qu'il soit substitué aux arrangemens & con-
,, ventions faites entre le gouverneur de cette île &

(*) Il faut 170 quartons pour une piastre gourde.

,, le

„ le commandant français, des ordres pour l'établif-
„ fement des foires publiques à tems fixe où tous
„ individus en nombre illimité puiffent affifter, le
„ gouverneur fixant les dixmes, ayant égard à l'abon-
„ dance de la reproduction & à la quantité de bêtes
„ que chaque propriétaire de beftiaux peut préfenter
„ en foire ; faifant enforte que les ventes fe faffent en
„ échange de nègres, uftenfiles & argent effectif,
„ en préfence des commandans où juges efpagnols,
„ afin d'éviter, comme frauduleufe, toute extraction
„ clandeftine de bêtes qui fe fait par la partie fran-
„ çaife ; & je vous recommande, à vous gouverneur
„ & officiers royaux, la vigilance pour l'exécution de
„ ce point & pour que l'on écarte tout foupçon de
„ préférence & les démarches préjudiciables de la
„ part des deux commiffionnaires français. „

Ainfi ce n'eft pas affez que la partie françaife foit
dans une forte de dépendance de la colonie efpagnole
pour un approvifionnement de la plus urgente néceffité,
il faut encore qu'il paraiffe qu'elle dicte impérieufement la loi à ceux de qui elle la reçoit ; de manière
que quelqu'un qui ne connaîtrait point du tout les
détails trop vrais dans lefquels je fuis entré, croirait
que les français tiennent leurs voifins dans un affujet-
tiffement fervile, tant il eft aifé de faire adopter, à un
gouvernement placé à deux mille lieues, les idées les
plus fauffes ! Mais les chefs de le colonie efpagnole
ont fait eux-mêmes juftice des motifs de cette partie
de l'ordonnance, puifque les foires font encore à
naître & que, d'après ce que j'ai dit de l'annonce de

1789, les français achetent de ceux qui ont des bestiaux à vendre, sans offrir la facilité de les vexer comme autrefois, au moyen des deux commissionnaires que la suppression de la ferme des boucheries françaises a rendus inutiles.

L'ordonnance de 1786 n'a pas eu plus de succès, quant à l'accroissement de la culture. En effet, comment les espagnols de cette île, pourraient-ils obtenir des nègres, quand ils ont pour concurrens les colons des îles des autres nations, bien plus en état de faire des sacrifices que les profits même de la culture ont bientôt payé. Ce n'est pas que des colonies espagnoles & particulièrement Cube, n'ayent obtenu quelques nègres, presque toujours rebut de cargaisons anglaises; mais, encore un coup, celle de St-Domingue sera l'une des dernières à en recevoir, parce qu'elle a peu de moyens d'en acheter & que son existence, placée dans ses hattes & dans la vente qu'elle fait de ses animaux au-dedans, n'y attire aucun commerce extérieur; parce que l'habitant qui ne peut avoir qu'en contrebande, la plus grande partie des objets qui lui sont utiles, borne toutes ses jouissances à ces objets & qu'il faudrait même qu'on lui offrît long-tems les moyens de les multiplier avant que son penchant pour l'inaction lui permît de les saisir.

Et s'il restait encore quelque doute, à cet égard, quel argument plus fort pour convaincre de l'inutilité de la cédule du 12 Avril 1786, que l'existence de celle du 28 Février 1789, qui accorde la liberté du commerce des nègres dans des ports indiqués des îles St-Domingue, Cube & Portorico, & dans

la province de Caraque aux efpagnols & aux étrangers, avec exemption de tous droits pendant deux ans,
à compter du jour de la publication de la cédule dans
ces divers lieux. Elle veut qu'il y ait dans les nègres
introduits, au moins deux-tiers de mâles & un de
femelles ; ce qui, pour le dire en paffant, paraît bien
étrange, d'après les idées religieufes qu'on connaît aux
efpagnols, dont les loix veulent qu'on excite les
efclaves à fe marier. Les étrangers doivent payer le
droit de fortie de l'argent ou des denrées qui font
l'emploi de la vente des nègres, & les efpagnols qui
introduifent des nègres pour leur propre compte,
ont droit à une prime de quatre piaftres gourdes par
tête.

Pour mieux encourager la culture, cette loi impofe
deux gourdes de capitation annuelle, fur tout
nègre qui n'y eft pas employé. Il y a de plus une
perfonne prépofée par le miniftre des Indes pour inf-
pecter l'arrivée des nègres & vérifier s'ils font de
bonne qualité. L'Efpagne avait, dès 1784, modéré
de vingt & un à cinq pour cent les droits qu'elle faifait payer à la fortie des beftiaux, dans quelques-unes
de fes colonies, à la condition d'en rapporter le produit en nègres, & l'effet n'a pas répondu à fon attente.

Ces tentatives infructueufes ne font rien moins que
propres à remplir l'efpoir de Valverde qui fe peignait
dès 1785, le moment où les français, ne pouvant plus
trouver de beftiaux, parce que la colonie efpagnole
aurait fes propres cultivateurs à nourrir, feraient
forcés d'abandonner une partie de leurs établiffemens

pour créer des hattes & assurer leur subsistance. Quoiqu'il en puisse penser, ce commerce d'animaux est, & sera long-tems, pour répeter encore ses mots, l'unique appui de son pays, & même si cette ressource venait réellement à manquer à la partie française, elle trouverait, sans sacrifier ses riches manufactures, des terrains propres à l'éducation des bestiaux, dont au surplus il est très-heureux pour les espagnols qu'elle ne s'occupe pas d'avantage.

Et pourquoi d'ailleurs marquer de l'envie & même de la haine contre une Nation parce qu'elle est plus industrieuse que nous ? Lorsque les premiers français vinrent s'établir à St-Domingue, quoique la colonie espagnole y eût déjà prodigieusement perdu de sa splendeur primitive, elle était cependant bien supérieure aux miserables essais des avanturiers ; mais ils ne se sont pas lassés, & s'ils ont été ou plus heureux ou plus persévérans, leurs succès ne sont pas des crimes, & si leurs successeurs sont devenus inimitables pour d'autres, les reproches de ces derniers sont en même-tems & injustes & mal-adroits.

J'ai assez répeté que la partie espagnole avoit son trésor dans ses hattes pour qu'on puisse être curieux de savoir à combien l'on fait monter les bêtes à corne qu'elles contiennent. J'ai un tableau des dixmes sur les animaux en 1760 & un de celles de 1780, tirés des regîtres de la trésorerie de Saint - Domingue avec les prix auxquels ces dixmes étaient affermées. Ces tableaux serviront à faire connaître l'état des hattes à ces deux époques, & l'accroissement qui a eu lieu dans l'intervalle. Quoique j'écrive treize ans après la dernière époque, il doit y avoir eu peu d'augmentation depuis, parce que dans cette année même, il y eut une sécheresse très-funeste, & que la fourniture des années 1780, 1781 1782 & 1783, a été considérable, à cause des circonstances qui ont réuni au Cap, plusieurs fois, des armées de terre & de mer.

	1760.		1780.	
Juridictions.	Dixmes.	Montant en piastres-gourdes.	Dixmes.	Montant en piastres-gourdes.
Saint-Yago	500	2,400	650	7,000
La Véga & le Cotuy	200	1,600	400	7,600
Hinche & Saint-Raphaël	350	2,200	600	8,050
Banique & Saint-Jean	450	3,400	650	7,000
	1,500 Têtes.	9,600	2,300 Têtes.	29,650

Ce calcul offre pour le nombre des animaux qu'on considérait comme destinés à la reproduction en 1760, quinze mille têtes (dont quinze cens étaient le dixième); mais ce tableau n'offrant que les quartiers qui fournissaient à l'approvisionnement de la partie française, on peut y ajouter dix mille autres têtes pour le reste de l'île, ce qui fait un total de vingt-cinq mille.

Nous savons que le nombre laissé pour la reproduction est le tiers d'un total où n'entrent pas les bêtes sauvages; mais ce taux est sûrement inférieur à la réalité & l'on peut ne le prendre que pour le cinquième; ce sera donc cent vingt-cinq mille animaux pour cette époque.

On trouve en 1780, par le même calcul, une souche de reproduction de vingt-trois mille têtes pour les quartiers voisins de la partie Française, & la mettant à quarante mille pour toute la colonie, elle donnerait un total de deux cent mille têtes, & par conséquent une augmentation de soixante-quinze mille en vingt ans.

Le nombre de deux cens mille bêtes à corne est en effet celui trouvé par le recensement général que le président fit faire dans la même année 1780, & si l'on veut compter les bêtes exemptes du tribut, on pourra peut-être élever cette quantité jusqu'à deux cens cinquante mille; sans y comprendre les bêtes cavalines & asines qui, avec une nouvelle augmentation évaluée depuis 1780, feraient trois cens mille animaux & une reproduction annuelle de soixante mille. Supposant maintenant que les accidens en fassent périr un cinquième, il en reste toujours quarante-huit mille.

Dans cet état de choses, il est trop heureux d'avoir un voisin auquel on pourrait en vendre plus d'un tiers, si l'on attachait moins de prix à le gêner quoiqu'on en ait besoin. Ce placement & la consommation de la partie espagnole n'égalerait pas la reproduction; & enfin y eût-il balance entre la reproduction & la consommation, il est au moins ridicule d'affecter de vaines terreurs & de parler sans cesse de la crainte de voir dépeupler les hattes qui ne peuvent redouter que les causes que j'ai décrites ailleurs.

Encore un coup, pourquoi vouloir être, en même tems, orgueilleux & pauvre ? Pourquoi vouloir paraître

faire des facrifices quand on eft heureux de fe débaraf-
fer avec gain de ce qui n'eft qu'un vrai fuperflu? Faut-
il parce que les fucreries du feul îlet de Limonade font
plus productives que tout le territoire efpagnol , parler comme fi la colonie françaife devait tout fon être
aux efpagnols. On eft bienfaiteur quand on donne ;
quand on vend c'eft qu'on a foi-même des befoins
à fatisfaire & l'on n'a pas droit, après avoir reçu le prix
de fa marchandife, de fe targuer encore d'une préten-
due générofité.

Mais par une fatalité qui tient à la richeffe de
l'une des colonies & à la pauvreté de l'autre, tous
leurs rapports font autant de fujets d'animofité. J'en
ai déjà fait connaître deux grands, l'un confifte dans
les limites & l'autre dans la fourniture des animaux.
Ces limites exigent un prépofé fous le titre *d'infpecteur
des frontières*, dont l'unique fonction eft de veiller à
la confervation & au maintien des piramides qui ont
été élevées pour fixer la ligne de démarcation.

J'ai encore à parler de deux articles , le premier eft
la reftitution des criminels & des déferteurs, l'autre
celle des nègres fugitifs.

Depuis 1695, époque de la création des compagnies
détachées de la marine, la colonie Françaife a eu une
garnifon, & par conféquent des déferteurs. Peù nom-
breux d'abord, ils ont augmenté avec les troupes.
La proximité du territoire Efpagnol & la faculté d'y
être prefque ignoré , y a toujours conduit ces hommes
que l'amour du changement, & même une efpèce
d'inquiétude morale, portent à abandonner les corps
où ils fe font engagés à fuivre le fervice militaire.

Le premier acte de la cour d'Espagne relatif à la restitution des déserteurs Français passés dans la colonie Espagnole, est une cédule du 3 Juin 1703, qui ordonne à tous les gouverneurs Espagnols de les renvoyer aux commandans des quartiers Français, ce qui ne doit pas s'entendre des français non soldats, qui s'y réfugient. Une autre cédule du 20 Octobre 1714, renouvella ces dispositions, & les rendit réciproques pour les déserteurs Espagnols, avec cette promesse, que les déserteurs restitués de part & d'autre, ne pourraient, en aucun cas, être punis de mort, des galères, ni de la prison perpétuelle, & une ordonnance du roi du 13 Novembre 1714, accepta ces conditions.

Comme le président Espagnol ne s'y conformait pas, une nouvelle cédule du 13 Août 1722 les rappella. Il en fut encore question en 1729, entre M. de Nolivos, envoyé de M. de la Rochalar, & Don Gonzalez Fernandez de Oviedo, envoyé du président la Rocheferrer qui eurent des conférences au Mirebalais. Malgré cela le marquis de la Grandara Réal, s'y refusa dans la suite ; mais sur les plaintes de M. de Larnage & les réclamations de notre cour, une lettre du roi d'Espagne du 22 Mars 1742 à ce président, blama sa conduite.

Les Espagnols réclamèrent alors les vingt gourdes que le roi accordait par chaque déserteur ramené des pays étrangers, & il y eut un ordre des administrateurs français du 1er. Mai 1743, pour que cette somme leur fut comptée. Il fallut de plus convenir de la manière dont nos déserteurs seraient conduits des lieux de leur

remise

remife & du rembourfement des frais, ce qui détermina M. de Larnage à envoyer à San-Domingo le chevalier de Chaftenoye, capitaine d'une compagnie détachée de la marine, le 30 Décembre 1743, pour régler ces points avec le préfident.

Il en réfulta un traité fait en 1744, où l'on convint : 1°. Sous la parole d'honneur réciproque des deux gouverneurs, que les déferteurs des deux nations, ne pourraient être punis de mort, de privation de membre, de galères, verges, ou prifon perpétuelle. 2°. Que les frais de conduite feraient payés à raifon d'une piaftre gourde par jour pour chaque conducteur & autant pour fon cheval, la journée évaluée à fix lieues. 3°. Que les déferteurs feraient remis dans la partie du Nord à Daxabon, & au Sud, à Angoftura. (St.-Raphaël). 4°. Que la nourriture des déferteurs ferait payée le quart d'une gourde par jour. 5° Qu'il y aurait deux conducteurs pour un déferteur; trois pour deux; trois, quatre ou cinq pour trois, &c. 6° Que les juftices Efpagnoles, ou les commandans Français, certifieraient par écrit le lieu de l'arreftation des déferteurs. 7°. Qu'à l'époque de la défertion, les fignalemens feraient envoyés aux commandans des frontières. 8°. Et enfin, que tout déferteur, coupable d'un autre crime, fufceptible d'être puni de mort ou autre peine capitale, ainfi que tout coupable de pareil crime non déferteur, ferait reftitué à la nation chez laquelle il fe ferait réfugié.

Dans un autre traité paffé entre M. de Fontenelle & Don Ignace Caro de Oviedo, le 21 Juillet 1762, on convint que les déserteurs des deux nations, même ceux incorporés, seraient remis aux premiers postes des frontières, avec promesse de n'employer que la peine de la prison ou celle du travail personnel aux ouvrages publics, jusqu'à ce qu'ils eussent rempli, par la retenue de leur solde, les frais occasionnés par leur évasion; & s'ils étaient arrêtés dans l'intérieur on devait payer une piastre gourde par journée du conducteur qui les ramenait à la frontière, & autant pour son cheval, avec la condition qu'il n'y aurait qu'un conducteur pour deux déserteurs.

Le traité de M. d'Ornano, du 22 Mars 1764, ne fit que promettre l'accomplissement de celui de 1762, ce qui eut encore lieu dans celui de M. de la Valtière du 11 Décembre 1766, & dans celui de M. de Vincent du 4 Juin 1770. Mais ce qui a absolument fixé les conventions à cet égard, c'est le traité définitif de police entre les deux cours, signé à Aranjuez le 3 Juin 1777, par MM. d'Ossun & de Florida Blanca. Il règle que les déserteurs des troupes & les matelots classés des deux nations, seront fidellement restitués sur la réclamation des officiers chargés de les réclamer. On fournit pour un, deux, trois ou quatre déserteurs, deux cavaliers de maréchaussée ou deux lanciers, & au-delà de ce nombre, un conducteur de plus par deux déserteurs; chaque conducteur est payé cinq-huitièmes de gourde, son cheval autant, & la nourriture du déserteur un huitième de gourde, le tout par journées évaluées à six lieues.

On a dû remarquer dans ce que je viens de dire de

relatif aux déserteurs, que la cour d'Espagne avait toujours été jalouse du droit d'asile, & que la première cédule de 1703 ne voulait pas que les individus, autres que les soldats déserteurs, fussent restitués, ce qui est répété dans celle de 1714. Mais ce droit sacré, lorsqu'il est renfermé dans de justes limites, fût modéré par le traité fait par M. de Fontenelle en 1762, où l'on stipula que les criminels seraient réciproquement rendus lorsqu'ils seraient réclamés par le chef de chacun des deux gouvernemens, avec caution juratoire qu'ils ne pourraient être condamnés qu'au banissement pour la plus forte peine, & à la réparation civile des dommages-intérêts. Enfin, le droit commun à cet égard, est fixé par le traité des deux cours du 3 Juin 1777, où se trouve un article conçu en ces termes :

« Les autres délinquants seront réciproquement
„ remis au gouvernement qui les réclamera sous
„ caution juratoire, qu'ils ne subiront ni peine de
„ mort, ni mutilation, mais tout au plus la peine
„ des galères ou du préside, à moins qu'ils n'ayent
„ commis des crimes atroces, comme de lèze-majesté
„ & autres, exceptés par des traités & par le consen-
„ tement général des nations. «

Il y a eu quelques exemples de l'exercice de la faculté de demander l'extradition d'un coupable, mais ils ont été extrêmement rares, & il est aisé de s'en convaincre en parcourant la colonie espagnole. Peut-être même eût-il mieux valu qu'on n'y eût jamais recouru.

Nous voilà arrivés aux autres déserteurs, je veux

parler des nègres qui, excités par leur penchant bien connu pour l'inaction, & sachant que les colons espagnols les accueillent & les traitent favorablement, passent chez eux. Il est aussi des nègres espagnols qui viennent sur le territoire français, mais c'est un phénomène qui marque plutôt une extrême curiosité que tout autre motif, si ce n'est celui de se soustraire aux peines d'un assassinat. Les conventions pour la restitution des nègres esclaves fugitifs sont réciproques. Dans ce que j'ai à rapporter à cet égard, je me souviendrai de la loi sévère que la vérité impose à un écrivain, lors même qu'il doit révéler des choses susceptibles de déplaire.

Dès que la colonie française a eu un certain nombre de nègres, il y en a eu de fugitifs, ou comme le dit le mot créol de *marons*. La contiguité de la terre espagnole, la facilité de s'y cacher long-tems, celle d'y trouver la subsistance qui suffit toujours à un nègre, c'est-à-dire, la plus petite possible pour un homme, l'espoir d'y vivre indépendant, ou du moins, d'y partager l'indolence espagnole, tout a concouru à porter nos cultivateurs à aller chercher l'autre colonie.

Cet inconvénient qui pouvait avoir les plus déplorables suites, décida M. Ducasse, gouverneur, à stipuler avec le président espagnol à la paix de 1697, que les nègres français seraient rendus, moyennant vingt-cinq piastres pour chacun d'eux; mais cette restitution à laquelle on était fort loin de prendre un véritable intérêt chez nos voisins, n'ayant presque jamais lieu, le conseil de Léogane, frappé de nombreufes défertions, très-augmentées depuis la guerre, crut devoir ordonner, le 1er Juillet 1709, que les efclaves, réfugiés dans les terres efpagnoles, feraient ramenés par une perfonne que M. le comte de Choifeul, gouverneur, commettrait pour en faire la recherche & auquel le maître payerait la moitié de la valeur du nègre, à moins qu'il n'aimât mieux recevoir lui-même cette moitié.

Cette détermination amena, le 1er Décembre 1710, une ordonnance des adminiftrateurs qui chargèrent M. Beauffan de Petit-Bois, ci-devant directeur de la compagnie de l'Affiente dans la ville de Sto-Domingo, & alors fermier du comptoir de cette compagnie au même lieu, de faire arrêter les nègres fugitifs français, en payant les vingt-cinq piaftres de prife, même de réclamer, dans les tribunaux, contre les efpagnols qui s'en feraient emparés ou leur auraient donné la liberté; avec promeffe de le faire rembourfer de fes dépenfes & de fes frais, fuivant les états qu'il en verrait.

Le roi en décidant, le 2 Février 1711, que le confeil de Léogane était forti de fa compétence, caffa l'arrêt du 1er Juillet 1709; mais on lui fit ajouter que chaque propriétaire fairait réclamer & chercher fes efclaves dans la partie efpagnole comme il le jugerait à propos, ce qui fe réduifait à dire, que cette recherche n'aurait pas lieu. En effet, le préfident Morfy profitant du défaut de concert entre les français, imagina, pour augmenter la population de la colonie qu'il gouvernait, de favorifer les nègres français qui s'y trouvaient. Cette conduite hardie fut blâmée par la cédule du 20 Octobre 1714, comme contraire au droit des gens & à l'union des deux couronnes, & le renvoi des nègres fut ordonné pour cet instant comme pour l'avenir, avec injonction au président & à l'Audience d'y veiller, à condition toutefois que ces noirs seraient assimilés aux déserteurs blancs en ce qu'ils ne pourraient être punis de la peine de mort, des galères, ni de la prison perpetuelle.

Une copie de cette cédule envoyée par le ministère aux administrateurs de la colonie, fut remise par eux à M. Dubois, colonel commandant du Cul-de-Sac, qu'ils chargèrent de réclamer les nègres qu'on disait avoir été affranchis par le président Morfy, mais qui l'avaient été réellement durant l'intérim antérieur à son arrivée, & de concerter les moyens de chasser les nègres des deux nations du canton de la Béate ou plutôt de Bahoruco, vers les hauteurs du Petit-Trou qui, dès la fin du dix-septième siècle avait toujours été un asile pour eux.

Le zèle de M. Dubois, qui arriva à San-Domingo le 6 Juillet 1715, eut peu de succès; d'abord parce que les nègres fugitifs avaient été avertis de sa venue par les espagnols & parce qu'un auditeur, ami du président Morfy & le nouveau président Ramirez, ne le servirent qu'en apparence. On n'épargna cependant ni les ordres, ni les publications qui semblaient devoir favoriser sa mission, mais on laissa en suspens jusqu'aux ordres du roi d'Espagne, le sort des nègres dont l'affranchissement avait été prononcé. Quant à la pourfuite des nègres à la Béate, on le rendit porteur d'ordres pour le commandant d'Azua, & cependant cette pourfuite qui fe fit fous le commandement de M. Dubois, n'eût lieu que par le fecours des feuls français.

On a vu, à l'occafion des déferteurs, qu'il avait fallu une troifième cédule du roi d'Efpagne le 13 Août 1722, parce qu'au commencement de 1721, le préfident avait déclaré nettement qu'il n'en reftituerait plus fans ordre exprès de fa cour. Cette cédule parlait auffi des nègres fugitifs. Le préfident Ramirez, d'après cette dernière, écrivit aux adminiftrateurs français, qu'il avait fait arrêter cent vingt-huit nègres qu'on pouvait envoyer chercher. On arma, en conféquence, en 1723, le bateau la Trancardine, appartenant à M. le Jeune, & MM. Leftrade & Lagrange furent chargés de la miffion. Le bateau mouilla à la baye d'Ocoa, d'où les deux agens allèrent à San-Domingo. Mais au moment où l'on conduifait ces fugitifs vers le bâtiment, les efpagnols s'y opposèrent à force ouverte, & donnèrent des armes à ces nègres en foutenant qu'ils étaient libres, & peu s'en fallut que MM. Leftrade & Lagrange ne perdiffent la vie. C'eft de ce fait qu'eft réfulté la peuplade de St-Laurent des nègres-mines, près la capitale efpagnole, & il fallut réclamer de la cour d'Efpagne, les frais d'un armement rendu inutile par une révolte qui, fans doute, n'était pas l'effet du hafard.

Les difficultés de la réclamation fe renouvellant fans ceffe, M. de Larnage propofa en 1738, au préfident efpagnol, d'avoir fur la frontière, des prépofés qui, dans chaque quartier, recevraient les nègres marons & payeraient les vingt-cinq piaftres de capture. Et convaincu que les obftacles renaîtraient tant qu'une perfonne ne réfiderait pas à Santo-Domingo pour y furveiller cet objet, il en fit auffi l'ouverture au chef efpagnol, autorifé par une lettre écrite à MM. de Fayet & la Chapelle en 1736, par le miniftre qui avait auffi fenti cette vérité. La première propofition n'éprouva point d'objection, mais M. de Larnage fut renvoyé pour la feconde à la cour de Madrid qui n'y fit aucune réponfe.

Pour fuppléer, autant qu'il était poffible, ce réfident, les adminiftrateurs nommèrent le 12 Octobre 1751, M. de Brémond, commandant des milices du Mirebalais, qui avait pris des arrangemens avec Don Miguel Montero, habitant de San-Domingo, pour faire auprès du préfident efpagnol, la réclamation des nègres fugitifs. On accorda à M. Brémond, trois cens livres des colonies par nègre ramené; de plus, le tiers de ceux qui refteraient épâves, & deux cens livres pour chacun de ceux formant les deux autres tiers, non compris les frais de geole des lieux où on dépoferait les nègres pris, & il fut autorifé à fe faire accompagner dans la partie efpagnole, d'un officier des milices du Mirebalais à fon choix, & d'un officier & d'autant d'archers de maréchauffée qu'il jugerait néceffaire & à fes frais.

Par le traité de M. Fontenelle, en 1762, on ratifia les conventions antérieurement faites avec les préfidens efpagnols & l'on y ajouta que les nègres qui

auraient

auraient fui pour éviter les pourſuites de la juſtice ne pourraient ſubir que la peine de l'exil ou du baniſſement ; que ceux qui ſe feraient mariés reſteraient aux maîtres de la nation chez laquelle le mariage aurait été contracté, en payant la valeur de l'eſclave qu'eſtimeraient alors un français & un eſpagnol ayant pour ſur-arbitre la perſonne prépoſée pour la réclamation, ce qui aurait également lieu à l'égard des enfans qui appartiennent, ſuivant les loix, au maître de la mère.

Il eſt à obſerver qu'en réponſe à une lettre du préſident eſpagnol du 18 Octobre 1760, le roi d'Eſpagne, par une cédule du 21 Octobre 1764, dit, que ce préſident a expoſé que les mauvais traitemens des colons français pour leurs eſclaves, *ſont la cauſe* de la fuite de ceux-ci, & qu'on a violé la promeſſe de ne pas châtier ceux qui ſont reſtitués ; que l'on eſt dans l'uſage de laiſſer les nègres français proviſoirement à la garde des eſpagnols qui les arrêtent, mais *que leur goût pour l'indépendance* les porte à fuir de chez ces dépoſitaires & à ſe répandre dans l'île, où ils vivent ſans foi & ſans loi ; qu'il en eſt beaucoup de cette eſpèce qui ne ſont point réclamés, qu'en conſéquence il conviendrait de vendre ces épaves au profit de Sa Majeſté Catholique, en ſuivant l'uſage de la colonie française.

Mais la cédule preſcrit au contraire de conſidérer ces nègres comme libres, & de tâcher de les engager par la douceur à former des peuplades, en prenant toutefois les précautions néceſſaires pour que ces peuplades ne menacent pas la tranquillité publique. Il eſt facile de juger que de pareils ordres ne rendaient pas facile la restitution des nègres français. Néanmoins dans le traité de 1766, on stipula la restitution des nègres marons & volés, avec une amende de soixante piastres contre quiconque aurait en sa possession des nègres fugitifs, sans en avoir fait la déclaration au juge du lieu. On convint de plus que l'on s'occuperait de faire en commun la poursuite des nègres établis dans les montagnes.

D'autres conventions provisoires entre MM. d'Ennery & de Solano établirent de nouvelles règles; mais c'est au traité de police du 3 Juin 1777, déjà cité pour les déserteurs, qu'on doit s'arrêter pour la restitution des nègres fugitifs.

On y est convenu de les rendre exactement & fidèlement, dès qu'ils seront réclamés par l'officier chargé de cette commission. La capture est payée douze piastres gourdes, outre les frais de conduite, assimilés en tout à ceux des déserteurs blancs. Ce qui a trait aux nègres mariés & aux enfans, est conforme au traité de 1762; mais comme la facilité de ces mariages était un véritable abus, le traité prescrit à l'archevêque de San-Domingo & aux curés des paroisses espagnoles, de ne donner la permission nécessaire à leur célébration, qu'en grande connaissance de cause. Et à l'égard des nègres en fuite par la crainte des recherches judiciaires, ils ne seront rendus que sur la demande du gouverneur général, qui donnera sa caution juratoire que ces nègres ne seront point châtiés pour leur délit, à moins que ce ne soit pour un crime atroce, ou de la nature de ceux qui font exceptés par des traités & le confentement général des nations; hors ce cas ils ne pourront, tout au plus, qu'être vendus hors du pays au profit de leurs maîtres, ou être deftinés aux travaux publics. Il eft convenu en outre que les nègres efpagnols feront exceptés de la règle françaife, qui veut que les nègres arrêtés foient vendus après un certain tems de détention, fi leurs maîtres ne les réclament point.

Et comme la propagation des nègres fugitifs retirés dans des lieux efcarpés, eft regardée comme un objet contraire à la fûreté générale, le traité de 1777 dit encore qu'ils y feront pourfuivis en commun, que ceux qui feront pris feront gardés une année, pendant laquelle leurs maîtres pourront les réclamer, en payant le prix fixé par les commandans Français & Efpagnols, & qu'après cela ils appartiendront à la nation qui les aura pris.

Tels font les quatre articles qui établiffent un rapport continuel & réciproque entre les deux colonies : les limites, la fourniture des animaux, la reftitution des déferteurs & des criminels, & celle des nègres fugitifs. Le fecond de ces objets a même une branche qui intéreffe la bonne police des deux nations, c'eft le foin d'empêcher par la difficulté des ventes, que les vols d'animaux faits chez l'une, ne deviennent utiles chez l'autre. C'était dans cette vue que le traité de 1762 contenait la nullité de ces ventes fi l'achéteur ne pouvait pas juftifier, par un certificat authentique du commandant le plus voifin du lieu de la réfidence du vendeur, que celui-ci était réellement propriétaire. Cette difpofition qui fait ceffer tous les prétextes, a été renforcée par le traité définitif de 1777. Il veut de plus qu'elle s'étende aux ventes d'efclaves, & que même la valeur en foit reftituée en cas de mort, & fur le pied du prix d'achat ; les voleurs d'efclaves & d'animaux font réciproquement livrés pour être punis, pourvu que ce ne foit ni de mort, ni de mutilation.

L'importance même de ces objets a enfin convaincu, la cour d'Efpagne, de l'indifpenfable néceffité, d'avoir en réfidence auprès du gouverneur ou commandant général de chaque colonie, un officier de l'autre nation, chargé de réclamer les déferteurs, les fugitifs & l'exécution des autres objets de police ou ce qui peut être relatif aux intérêts de fa nation, & l'article 10 du traité de 1777 en a fait une convention qui s'eft toujours exécutée depuis.

Le réfident français qui porte le nom de *commiffaire à l'efpagnol*, eft nommé par le roi ou par les adminiftrateurs. Le premier qui fut établi, dès le 15 Janvier 1776, à peu près au moment de la convention provifoire, avait pour traitement vingt-quatre piaftres gourdes par tête de nègre fugitif dont il procurait la rentrée, fomme qui était retenue par les receveurs des épaves, gardiens de ces efclaves, lors de la réclamation de leurs maîtres ou de la vente publique qui en était faite à défaut de réclamation. De fon côté, le commiffaire était tenu de remettre, à la caiffe des épaves, les fommes qui lui étaient comptées dans la partie espagnole, d'après un certificat du président espagnol, pour les nègres qui s'y étaient mariés.

Mais depuis on a cru, qu'associer ainsi cet officier aux profits de ses démarches, c'était dégrader son caractère & l'avilir aux yeux de la nation chez laquelle il réside ; il jouit de douze mille livres de la colonie d'appointemens, fixés sur la caisse des fonds produits par l'affranchissement des esclaves.

Il serait difficile d'entendre des reproches plus généraux & plus univoques que ceux qui sont continuellement adressés aux espagnols, relativement aux nègres français qui fuient chez eux. Elles se renouvellent depuis bien long-tems, & il est difficile d'y répondre avec une grande candeur ; après ce qu'a fait le président Morfy en 1714, & lorsqu'on peut s'entendre raconter l'histoire du bourg de St-Laurent-des-Mines. Si l'on écoutait même les personnes les plus irritées, on leur entendrait dire qu'autrefois l'on avait, du moins, quelque espoir de ravoir les nègres marons, parce que leur capture produisait vingt piastres gourdes, mais qu'à présent qu'elle n'en donne plus que douze ; on se permait mille infidèlités pour en empêcher la restitution ; par exemple : celle d'en faire faire plusieurs ventes successives pour écarter les réclamations & même de transporter les nègres dans d'autres colonies où on les vend.

Ce serait faire une injure trop grave que d'adopter ces plaintes que le mécontentement peut inspirer ; mais croire qu'il règne dans cette partie de la police espagnole, l'exactitude religieuse qu'on a promise & que les français mettent dans l'exécution du traité de 1777, & notamment dans ce qui concerne les vols d'animaux, ce ferait déguiser lâchement la verité.

Le commissaire, à l'etablissement duquel le traité a donné lieu, n'empêche pas que pour des occasions importantes, ou même si le gouvernement avait des motifs pour désirer un autre choix, il ne pût envoyer un commissaire, en quelque sorte extraordinaire, pour traiter avec le président de quelque objet majeur. Le traité peut en fournir le sujet, puisqu'on y lit, à l'article 9, que les deux nations doivent se secourir d'hommes, d'argent, de munitions, & considérer la défense de l'île, comme commune. J'ai dit que cela s'était fait en 1781, lorsque M. le chevalier de la Rivière fut envoyé pour faire des représentations sur la difficulté de l'approvisionnement en bestiaux, au milieu des besoins que la guerre multipliait & reproduisait sans cesse.

Il y aussi un troisième genre de commissaire, c'est celui que les divers gouverneurs chargent, lorsqu'ils entrent en fonctions, d'aller complimenter, en leur nom, les gouverneurs de leur voisinage. Cet usage sert à renouveller les assurances que se donnent les chefs des différentes colonies du désir de vivre ensemble dans une parfaite union. On saisit ordinairement ces époques pour régler des objets qui peuvent intéresser les diverses nations. Sans doute, ces protestations ne sont pas plus garanties que les autres par la sincérité, mais elles ont, du moins, un but d'utilité publique.

Comme l'usage veut encore qu'entre les deux gouverneurs français & espagnol, cet envoyé complimenteur soit considéré comme une espèce d'ambassadeur ou de représentant du gouverneur qui l'envoit, il reçoit des honneurs qui ne font cependant pas les mêmes que ceux faits au gouverneur en personne. On a eu la preuve de ceux rendus à un président, dans les voyages de M. le marquis d'Azelor & de M. le comte de Solano, présidens, venus dans la partie française, le premier en 1765 & le second en 1773 & en 1776.

La veille de l'arrivée du président, le gouverneur français lui envoye un officier supérieur à l'endroit où il doit coucher, dans le voisinage de la ville, pour lui témoigner fa satisfaction de son heureux voyage. Le lendemain matin, plusieurs personnes de considération viennent en voiture pour former le cortège du président qui monte dans le carosse que le gouverneur lui a fait conduire & où des officiers principaux se placent avec lui. Parvenus à l'entrée de la ville, le président met pied à terre, & marche, accompagné des chefs de corps & des aides-de-camp, au-milieu des troupes qui bordent la haye. Tandis qu'il se rend ainsi au logement du gouverneur, les tambours battent aux champs, il est salué par les officiers & par les drapeaux, & les batteries tirent vingt coups de canon.

Le gouverneur vient le recevoir à la porte d'entrée du gouvernement, le mène dans la salle de parade, répond par des choses affectueuses à ses protestations de dévouement, puis il le conduit à l'appartement qu'on lui a préparé dans le gouvernement même & où il trouve une garde d'honneur composée d'une compagnie ayant un capitaine à sa tête.

Il refuse cette garde & se contente d'un factionnaire du poste le plus voisin. Tous les militaires lui font des visites de corps, & les membres des tribunaux, de l'administration & des différentes corporations, viennent individuellement lui en faire une d'honnêteté.

La première fois qu'il va au spectacle, le gouverneur-général lui en cède tous les honneurs & lui donne sa place dans la loge du gouvernement. Les égards personnels accompagnent continuellement le cérémonial, & l'amour-propre du chef qui les paye, consiste à y mettre une délicatesse qui s'allie, font bien, avec sa propre dignité.

La visite d'un président est une occasion de bals & de fêtes, & il n'est pas une jolie créole qui ne soit bien aise de vérifier qu'un président espagnol se connaît en élégance française.

Lorsqu'il part on lui donne des détachemens de cavalerie - milices pour escorte, afin qu'en cela comme dans tout le reste, les honneurs de sa sortie répètent ceux de son entrée. Le gouverneur-général qui pendant son séjour, l'a accompagné dans la visite de tout ce qu'il a désiré voir ; qui a fait exercer les troupes en sa présence, le reconduit jusqu'à une certaine distance lorsqu'il va regagner son territoire, & les prévenances & les soins marquent chaque instant.

A San-Domingo, le gouverneur français recevrait sans doute, un accueil analogue à celui que je viens de

rapporter

rapporter & la grandeur espagnole s'y déployerait aussi. Mais le fait n'a jamais eu lieu & la capitale espagnole n'a jamais possédé un chef de la partie française. Il se contente d'y envoyer quelqu'un chargé de son compliment.

Voici comment fut accueilli M. de Saxy, officier au régiment du Cap, lorsqu'il alla complimenter le président de San-Domingo, Don Manuel Gonzalez, au nom de M. de la Luzerne, au mois de Mai 1786.

M. de Coustard, commandant en second de la partie de l'Ouest, avait prévenu le président du choix qu'on avait fait de M. de Saxy, en le priant de donner des ordres pour que cet officier pût trouver, pendant sa route, tous les secours dont il aurait besoin. Le président en donna en effet aux commandans & aux alcades.

Après dix jours d'une marche très-pénible, depuis le Port-au-Prince, M. de Saxy arriva un soir au fort St.-Jérôme, d'où il écrivit au président pour l'avertir de son arrivée & lui demander à quelle heure du lendemain il voulait le recevoir. Un soldat de la garde prévenue qu'un Envoyé français devait venir, alla porter cette lettre. Une heure après, arrivèrent deux voitures du président avec le major & l'aide-major de la place, qui remirent à M. de Saxy une réponse, (écrite en Espagnol), & qui contenait, avec des complimens sur son arrivée, l'invitation de venir sur-le-champ à Santo-Domingo. M. de Saxy accepta l'offre, & se rendit (aussi vîte que le lui permit la rencontre de la procession du Rosaire qui se fait chaque soir), à une maison qu'on avait préparée pour lui. Le lendemain matin à neuf heures, les mêmes officiers vinrent, avec les deux voitures, le prendre pour le conduire au palais. Les corps-de-gardes de la place & de la porte du président devant lesquels il passa, se mirent en dehors, les armes hautes, l'officier en tête & les tambours battirent aux champs. Le gouverneur vint le recevoir à la porte du salon où étaient tous les officiers de la garnison, & toutes les personnes en place. L'Envoyé complimenta le président, se félicita d'avoir été choisi pour cette mission, & lui remit les lettres cachetées de M. de la Luzerne. Après un quart-d'heure d'entretien, il prit congé, & retourna avec les mêmes honneurs, à son logement, où il trouva une garde de trente hommes, commandée par un lieutenant qui vint le saluer; il remercia l'officier, & refusa la garde. Un moment après, M. de Saxy reçut la visite du président, accompagné de toutes les personnes qui étaient chez lui lorsque l'Envoyé y était allé. Il reçut aussi celle de l'Audience royale & des personnes revêtues de fonctions publiques. Aussitôt après ces visites, M. de Saxy sortit avec le major de la place pour aller les rendre. Il alla chez le commandant du bataillon, chez celui de l'artillerie, celui des milices &c.; chez l'archevêque, les supérieurs des couvens de religieux, & les supérieures de ceux de religieuses. Il alla aussi présenter des hommages aux principales dames de la ville qui reçoivent les visites dans la matinée, & qui ne manquent jamais de trouver qu'un œil français exprime toujours quelque chose de flatteur à la vue du beau sexe.

M. de Saxy fut enfuite au gouvernement pour y dîner à un gala de foixante couverts. On but à la fanté du roi de France, de M. de la Luzerne, & M. de Saxy rendit ces fantés par celles du roi d'Efpagne & du préfident, aidé de M. de la Vigerie, commiffaire français en réfidence auprès du gouvernement efpagnol. Durant trois femaines, M. de Saxy fut environné d'attentions & d'égards, & il dîna chaque jour chez le préfident qui invitait toujours une nombreufe compagnie. Tous les matins à huit heures, une voiture du préfident était à fa porte. Il s'en fervait dans la matinée pour aller faire des vifites, pour aller dîner au gouvernement, & l'après-midi pour aller à la promenade. Après ce féjour, M. de Saxy prit congé du préfident pour retourner au Port-au-Prince, & fit fes vifites d'adieu.

Quinze jours ou trois femaines après que M. de Saxy fut revenu au Port-au-Prince, M. Arrata, officier efpagnol, chargé de la même miffion, vint complimenter M. de la Luzerne; on lui rendit avec la plus grande exactitude les honneurs faits à M. de Saxy à Santo-Domingo.

L'Envoyé français obtient communément fix mille livres de la colonie, pour les frais que ce voyage lui occafionne, & fur cette fomme il paye les dépenfes de fa route.

Il doit m'être enfin permis de croire que j'ai atteint le terme que je m'étais propofé, & que j'ai acquitté ma promesse de fournir à mes lecteurs tous les détails qui me paraîtraient propres à leur faire bien connaître la colonie espagnole. Il en est, sans doute, encore beaucoup, qui seraient dignes de leurs regards, mais ils ne seront pas perdus, lorsque décrivant la partie française, je trouverai des choses qui me les rappelleront & qui me fourniront l'occasion de montrer ou de nouvelles analogies entre les objets physiques des deux colonies, ou des différences dans le moral de leurs habitans.

J'en ai assez dit pour faire juger de l'étendue, de la fertilité & des avantages sans nombre de cette colonie, qui reveillera toujours l'idée de l'un des plus grands événemens consignés dans les annales du monde. Je ne sais même si c'est au seul effet de ma naissance en Amérique que je dois attribuer ce sentiment; mais il me semble qu'on voit, avec peine, la première colonie du Nouveau-Monde, tombée dans l'espèce d'abandon où elle languit déjà depuis trop long-tems.

Cet abandon, on le doit avouer, est fait pour être trouvé encore plus extraordinaire quand on jette la vue sur la partie française qui, moins avantagée à plusieurs égards, repousse aujourd'hui toute comparaison.

Et pourquoi (dit peut-être mon lecteur en ce moment), la même industrie ne s'étendrait-elle pas aux deux colonies ? Est-ce que la France ne devrait pas tout tenter pour obtenir la possession totale de cette île immense ? Est-ce que cette acquisition ne lui ferait pas avantageufe ? Je vais la traiter, cette queftion, puifqu'elle fe préfente fi naturellement ; fon examen ne peut qu'ajouter à tout ce que j'ai rapporté jufqu'ici fur la colonie efpagnole.

Le 31 Mars, 1698 le miniftre de la marine écrivait au marquis d'Harcourt, alors ambaffadeur de France à la cour d'Efpagne, que le roi défirerait avoir la partie efpagnole de St-Domingue, & favoir quel ferait l'équivalent que l'Efpagne pourrait défirer.

Il faut remarquer que cette époque eft précifement celle où fe formait la compagnie de St-Domingue, à laquelle la partie du Sud, depuis le Cap-Tiburon jufqu'à la rivière de Neybe, fut concédée par le roi fix mois après, & que vraifemblablement les perfonnes puiffantes qui étaient intéreffées dans cette compagnie, avaient calculé que la partie efpagnole offrirait à leurs vues de plus vaftes fuccès.

J'ignore quelle fut la réponfe de l'ambaffadeur, mais je n'ai pas trouvé qu'on eût reparlé de cette ceffion, jufqu'au mois de Septembre 1740, qu'on répandit à St-Domingue que la France allait avoir l'île entière, en donnant la Corfe aux efpagnols.

Cette nouvelle, écrivit M. de Larnage, alors gouverneur général de la colonie françaife, afflige tous les habitans, & l'on m'affure qu'en France elle eft regardée comme une chofe fâcheufe pour tous les commerçans ; quoiqu'il ne foit pas douteux, ajoute-t-il, que ce ne fut la plus importante & la plus utile acquifition que le roi pût faire en Amérique.

Enfin en 1783, on assura que la France échangeait la Guadeloupe contre la partie espagnole de Saint-Domingue, & ce bruit donna lieu à plusieurs mémoires qui avaient pour auteurs des hommes très-familiarisés avec les colonies & avec leur administration.

Si l'on voulait rechercher d'abord qu'elles sont les dispositions de l'Espagne sur la cession, avant de s'occuper de savoir si elle nous serait utile, on pourrait, sans hésiter, regarder la question comme oiseuse; parce qu'il faudrait supposer la subversion de tous les principes du gouvernement espagnol, & dans le caractère national, une grande révolution, pour croire que l'Espagne voulût céder une possession territoriale quelconque, & sur-tout abandonner la première métropole qu'elle ait créée en Amérique. C'est donc, abstraction faite de cette difficulté, qu'il faut chercher si ce que l'on dit des avantages que la France trouverait dans la possession de toute l'île, est fondé.

On compte six motifs pour que la France doive désirer d'avoir l'île entière. 1° Une meilleure défense; 2° une plus grande sûreté pour sa navigation en tems de guerre; 3° une subsistance plus assurée; 4° un accroissement de population; 5° une culture extrêmement étendue; 6° & enfin une augmentation de commerce. Chacun de ces six motifs est appuyé par les raisons que je vais présenter.

<hr />

1° *Une meilleure défense militaire.*

Dans l'état préfent des chofes, la colonie efpagnole, placée au vent de la partie françaife, étant, en quelque forte, ouverte & fans défenfe, cette dernière fe trouve elle-même expofée à toutes les attaques & à toutes les infultes. Si la France eft alliée de l'Efpagne, elles fe doivent des fecours, & il eft prefque impoffible qu'elles s'en portent auffi loin par terre. Si au contraire l'Efpagne était elle-même ennemie de la France, celle-ci aurait à redouter la proximité immédiate d'un voifin, d'autant plus hardi qu'il eft pauvre; & tandis que la colonie françaife aurait toutes fes forces fur les frontières, afin de les défendre contre des hommes pour qui la guerre des bois & des défilés ne ferait qu'un jeu, contre des lanciers accoutumés à pourfuivre, à arrêter, à combatre & à tuer des bœufs fauvages, la force navale efpagnole pourrait faire une diverfion funefte dans un point du territoire français très-éloigné de la frontière.

En confidérant les deux nations comme amies, et St-Domingue comme appartenant, en entier, à la France, la nation efpagnole, que l'immenfité même de fes poffeffions met hors d'état de les garantir toutes, trouverait un grand motif de fécurité dans l'établiffement de la baye de Samana en arfenal maritime; & fi une fortification intérieure protégeait encore l'île & affurait une défenfe affez longue pour pouvoir attendre des fecours d'Europe, elle pourrait regarder, comme couvert tout le golphe du Mexique, dont Cube ferait une feconde clef. La partie efpagnole, devenue françaife, ferait d'autant plus préfervée, qu'indépendamment de Samana & du point central qu'on fortifierait, il fe trouverait dans les colons, devenus français, une véritable armée, compofée d'hommes acclimatés & bien fupérieurs à l'ennemi quelconque qui oferait les attaquer ; puifqu'ils font accoutumés aux difficultés de leur local, & qu'en difputant le terrain, pied à pied, à travers les bois, les buiffons & des rivières encaiffées, ils donneraient au climat le tems de déployer toute fon influence fur les attaquans, dont le nombre ferait bientôt diminué de moitié par les épidémies & leurs ravages.

————

2°. Une plus grande fureté pour la navigation en tems de guerre.

Samana demeurant abandonné, comme il l'eft aujourd'hui, & fe trouvant le port le plus au vent de toute l'île, il eft un refuge pour les corfaires & les vaiffeaux ennemis ; ils s'y retirent, s'y repofent, y font du bois & de l'eau. Ce point de croifière eft d'autant plus avantaguex pour eux, que tous les bâtimens français qui viennent d'Europe ou des Ifles du vent, deftinés pour la partie du Nord & de l'Oueft de St-Domingue, font obligés de reconnaître le Cap Samana ou, au moins, le vieux Cap-Français, à caufe des dangers du débouquement qu'il faut éviter, & même de

veni

venir près de la terre afin d'éviter le *Mouchoir carré*, celui de ces écueils qui est le plus oriental.

Si la France possédait Samana, elle le fortifierait, les ennemis n'y trouveraient plus de refuge & par cela même, l'attérissage de St-Domingue cesserait d'être périlleux durant la guerre, pour peu que l'on tînt, dans ce point même, des bâtimens légers qui éloigneraient les corsaires ennemis d'une croisière que le moindre besoin, le moindre évènement de mer, ne leur permettrait plus de tenir.

3°. *Une subsistance plus assurée.*

Les entraves continuelles que le gouvernement espagnol se plaît à multiplier par rapport à l'approvisionnement de la colonie française en bestiaux, disparaîtraient par la cession. Les hattes qui existeraient également sous une nouvelle domination, seraient plus resserrées à cause des nouvelles cultures, & dès lors, les animaux seraient mieux soignés, leur multiplication plus considérable, la subsistance de la totalité de l'île beaucoup plus abondante & l'on verrait disparaître des vexations qui ont quelque chose de honteux pour les français, à qui l'on semble toujours accorder des faveurs, quoiqu'on fut condamné à n'avoir plus que l'existence animale s'ils n'achetaient pas.

Le gouvernement français bien averti par l'expérience du passé de ce qu'il faut faire ou éviter pour ne pas amener l'anéantissement des hattes, pourrait, par de sages réglemens, prendre des mesures telles, que l'on ne verrait plus ces hattes faire place à des établissemens de culture; & la désignation d'une certaine étendue de terrain dans chaque paroisse, qu'on ne pourrait employer qu'à l'éducation des animaux, conserverait une ressource dont l'île a un besoin si indispensable.

4°. *Accroissement de la population.*

La population s'accroîtrait rapidement par le nombre des cultivateurs français, qui s'établiraient sur le territoire appartenant aujourd'hui aux espagnols. Ces cultivateurs seraient composés des hommes dont l'industrie ne sait maintenant où se porter, des habitans de la partie française (& principalement de ceux des mornes) qui, ayant des terres épuisées ou dégradées par la culture du cafier, exerceraient leurs noirs & leur activité sur un sol qu'on peut appeler neuf, puisqu'après une culture de moins d'un siècle, il est retourné à l'état de repos où il avait été durant d'autres siècles, & que les débris des végétaux y ont formé une nouvelle couche & une nouvelle source de fécondité.

Des habitans des Isles-du-Vent, qui n'ont qu'une existence pénible sur un terrain entièrement déchu de sa première fertilité, obligés à présent de doubler & les espaces & les ateliers pour obtenir un produit égal en quantité à celui des anciennes cultures, se trouveraient heureux de la possibilité de leur transplantation;

d'autant qu'on pourrait arrêter que dans la partie espagnole, les terrains ne seraient plus concédés gratuitement qu'à ceux qui arriveraient avec des nègres, tandis que les autres seraient tenus d'acheter ou d'accenser ces terrains comme cela a déjà lieu dans plusieurs colonies étrangères.

On aurait des capitalistes d'Europe, si l'absurde loi de l'aubaine ne les épouvantait plus ; les commerçans seconderaient les efforts & les combinaisons des colons qui offriraient de justes espérances dans la fertilité même du sol ; enfin l'on devrait compter sur des émigrants des îles étrangères qui viendraient chercher dans une meilleure terre, ce que le noyau des différentes Antilles refuse par son épuisement, aux travaux des agriculteurs des diverses nations qui les habitent.

Le colon qui n'aurait plus besoin d'exiger de ses nègres des fatigues continuelles pour se payer de l'intérêt de leur valeur & de celle de son terrain (nécessité qui est une cause de destruction pour les esclaves), ayant mille ressources & pour lui & pour eux dans l'étonnante fertilité du pays dont il est question, ne leur demanderait plus que des travaux proportionnés à leurs forces. Le sort des nègres serait donc amélioré & l'intérêt conseillerait lui-même un ménagement prescrit par la morale & par l'humanité.

On trouve encore dans la cession l'avantage d'avoir un peuple tout fait dans les colons espagnols, & une milice appropriée à la zône torride. Ce peuple, placé sous un régime excitateur, multiplierait avec d'autant plus de rapidité que l'impression de ses idées religieuses le porté au mariage & que bien différent de celui qui habite les colonies françaises, il offre plus de femmes que d'hommes & que cet excédant lui-même donnerait des épouses aux célibataires français. Ce peuple d'autant plus précieux qu'il est accoutumé à subsister des vivres produits par la colonie même; en rendant celle-ci plus forte, accroîtrait sa population d'une autre manière, puisqu'avec plus de côtes à approvisionner, il y aurait plus de cabotage, par conséquent, plus de navigateurs attachés au pays. D'une autre part, avec plus de terres cultivées, il y aurait plus de commerce intérieur & par conséquent, plus de marchands, d'artisans & de gens vivans de produits industriels; la population serait donc rapidement accrue, & l'île St-Domingue deviendrait une possession qui l'emporterait sur toutes celles qu'ont les Européens dans le Nouveau-Monde.

5°. Une culture extrêmement étendue.

L'augmentation de la culture est un effet nécessaire de l'emploi des bras & de l'industrie sur un sol plus fécond. Quant à l'industrie, elle existe & elle se montrerait dès qu'elle trouverait les moyens & les occasions de s'exercer, ne fut-ce que de la part même des colons espagnols que leur gouvernement actuel comprime & abrutit, en quelque sorte. Quant aux bras l'on a déjà cité ceux qu'on employe avec si peu d'utilité aux Isles-du-Vent françaises & étrangères & dans les montagnes même de St-Domingue; l'Afrique ferait le reste.

Des détracteurs du projet de cession, prétendront qu'il faudrait une seconde Afrique pour oser concevoir quelques espérances sur un pareil établissement. Mais quand on connaît bien cette partie du monde, on sait qu'à nos possessions des rivières du Sénégal & de Gambie, nous pouvons en ajouter aux rivières de Salum & de Cazamance, & renouveller celles que nous eûmes anciennement chez les Bizagots. On peut former un superbe comptoir dans l'île de Tamora, qui fait partie de celles des Idoles & s'assurer une traite considérable dans les neuf rivières qui les avoisinent, depuis celle de Quissy jusqu'à celle de Serre-Lionne ; le Cap Mezurade offre aussi de grandes ressources, ainsi que la côte-d'Or, depuis Acra jusqu'à Popo, & l'on peut y réunir celles de la côte d'Angole. Si l'on quitte la côte occidentale de l'Afrique pour passer à celle opposée, le canal de Mozambique promet d'immenses secours, pour peu que la traite soit encouragée.

Mais un régime doux dans l'administration des nègres de St-Domingue, procurerait encore une ressource précieuse par la reproduction. En examinant les recensemens de cette île pendant une certaine suite d'années, on voit que la mortalité annuelle est d'un trentième, & la reproduction, d'un soixante-dixième ; de manière que sur cinq cens mille nègres, nombre poussé peut-être un peu au-delà du vrai, la perte annuelle est, d'après ce calcul, de seize mille individus, & la reproduction de sept mille, ce qui exige un remplacement de neuf mille nègres.

En fuppofant qu'il faille fix cens mille nègres pour la culture de la partie efpagnole, il y aura, fur cette quantité, une perte annuelle de vingt mille hommes qui, recouverte jufqu'à concurrence de huit mille cinq cens par la reproduction, ne demandera plus qu'un remplacement de onze mille cinq cens chaque année.

Or St-Domingue reçoit actuellement, à peu près, trente trois mille nègres, & en additionnant les deux remplacemens dont on vient de parler, & qui s'élevent enfemble, à vingt mille cinq cens, il y a déjà un excédant de près de treize mille nègres qu'on peut porter fur le fol efpagnol.

Mais fi l'on veut tenir compte de la poffibilité réelle d'étendre encore la traite en Afrique, & fi l'on réfléchit que les fix cens mille nègres, jugés néceffaires à la partie efpagnole, feront fournis, pour une grande quotité, par la partie françaife elle-même, on verra que le remplacement calculé pour cette dernière, tournera proportionnellement auffi à l'avantage de l'autre. C'eft donc ne fe pas livrer à des calculs trop complaifans que de dire qu'en moins de vingt-cinq ans, la partie efpagnole compterait les fix cens mille nègres qu'on lui deftine dans l'hypo-thèfe de la ceffion à la France.

La culture s'accroîtrait encore de cette circonf-tance, qu'on ne verrait plus des nègres qui trouvent une forte de protection dans leur fuite, parce qu'ils appartiennent à une autre nation qu'on jaloufe. Les raffemblemens de ces mêmes fugitifs, leurs irruptions dévaſtatrices, l'effroi qu'elles répandent & qui écartent au loin l'agriculteur qui a beſoin de paix, n'exiſteraient plus, tous les nègres feraient utilement employés, & la culture ſuppoſée au point où eſt celle de la partie françaiſe, offrirait un produit annuel de cent cinquante millions tournois, enſorte que le produit total de l'île St-Domingue, pourrait être évalué, d'après ce premier apperçu, au double de cette ſomme.

6°. *Augmentation de Commerce.*

C'eſt un théorème qui ſe déduit aiſément de l'augmentation de la culture que l'augmentation du commerce.

On a fait une objection contre ce gain commercial, en diſant que le prix des nègres augmentera par la concurrence des nouveaux acheteurs, & qu'il y aura une diminution proportionnelle dans le prix des denrées coloniales. En examinant en homme d'état cette objection ſuppoſée vraie, on trouverait que le commerce de la métropole qui vend les nègres, y ferait un bénéfice très-réel; mais comme les colons ont un droit auſſi fort à la bienveillance du gouvernment, que celui-ci doit tenir la balance égale entre les colons & les commerçans, & qu'il eſt impoſſible que le premiers ſoient malheureux ſans que les autres s'en reſſentent, il faut une réponſe ſatisfaiſante.

Lorſqu'il arrive un bâtiment nègrier dans une rade,

pour contrepoids au besoin que l'habitant a d'aheter, se trouve le besoin de vendre qu'impose au capitaine ou à l'armateur, la nature même de la cargaison, puisqu'un délai un peu prolongé fait presque toujours paraître des maladies parmi les nègres & que les frais des vivres, ceux des salaires d'équipages, absorberaient bientôt les bénéfices si l'on refusait de vendre à un taux plus modéré. L'expérience a démontré qu'il y a toujours eu un niveau assez juste entre le prix des denrées coloniales & celui des nègres. D'ailleurs si cette objection était vraie dans l'hypothèse actuelle, elle le serait pour l'accroissement de la culture dans la colonie française même & l'aurait été pour son augmentation dans la partie Sud de cette colonie.

Tels sont les raisonnemens de ceux qui opinent en faveur de la cession. J'ai pris le plus grand soin pour ne pas affaiblir leurs argumens, & pour rendre avec fidélité ceux que j'ai tirés notamment de deux mémoires faits, l'un par M. du Buc, & l'autre par M. le Braffeur, tous les deux intendans des colonies, lorsqu'en 1783 l'on publiait, comme je l'ai déjà dit, que la France obtenait la cession de la partie espagnole, & qu'en dédommagement l'Espagne devait recevoir l'île de la Guadeloupe qui lui procurerait un revenu annuel de vingt millions tournois, en même-tems qu'elle se trouverait dispensée de payer environ dix-sept cent mille livres tournois de dépense que lui coûte sa colonie dans l'île Saint-Domingue.

Voici maintenant ce que j'oppose à la cession, relativement

tivement à l'intérêt de la France. Et pour qu'il soit plus facile de peser les raisons pour & contre, je vais suivre l'ordre adopté par les personnes dont je combats l'opinion.

1°. *La Défense de l'Isle.*

Cette défense a très-peu à gagner à la cession. Si la France & l'Espagne sont alliées, l'état même de la colonie espagnole est utile à l'autre, parce que l'ennemi n'imaginera jamais d'aller tenter une descente dans un pays où les établissemens sont rares & très-éloignés les uns des autres, & qui est presqu'une forêt continuelle ; où il n'y a nul moyen de transporter de l'artillerie, où chaque pas peut faire trouver une attaque de la part d'hommes tels qu'on dépeint les colons espagnols, qui feraient avec un grand succès la guerre de chicane, & qui détruiraient l'ennemi par la lenteur même de sa marche.

D'ailleurs où se ferait donc cette descente sur le territoire espagnol, pour qu'on pût s'en promettre un grand succès & quant à ce territoire & quant à la colonie française ? La tenter à la côte Orientale, ce serait vouloir éterniser l'entreprise, dans un climat qui commande à celui qui attaque d'être extrêmement prompt. L'ennemi qui voudrait marcher de là sur San-Domingo, aurait au moins cinquante lieues à franchir sans qu'il lui fût très-facile d'y traîner du canon, dans un terrain où il rencontrerait à chaque instant une embuscade ou un abattis dont il ne sortirait que pour en aller trouver un autre un peu plus loin. Enfin ne pouvant pas traverser l'Ozama devant la capitale, il serait forcé d'aller huit lieues plus haut chercher un gué, qui lui-même serait très-périlleux, parce que l'autre rive offre mille abris à un espagnol, qui peut presque en sécurité ajuster l'homme qu'il veut tirer. S'il traversait enfin pour gagner le grand chemin de la ville vers les savanes de la Louise, ce serait alors que son opération deviendrait pénible par le passage de rivières faciles à défendre; & en supposant qu'il pût pénétrer jusqu'à la savane de la Prieta, il serait obligé de s'engager dans les hauteurs de même nom & de Gribe-platte, où des bois coupés par des ravins encaissés, ne veulent qu'un petit nombre d'hommes pour arrêter une armée. Ainsi les ennemis ne tenteront rien sur Saint-Domingue par la côte de l'Est.

Sur la côte du Nord, il n'y a que Monte-Christ ou la Baye de Mancenille; puisqu'il n'y a point ailleurs de moyens propres à faire passer du canon, & quand on pousserait l'extravagance jusqu'à compter sur l'Yuna, ses bords eux-mêmes sauraient la défendre contre tous les transports qui viendraient de Samana. Par terre il n'existe, comme on l'a vu, qu'un sentier où il ne peut passer qu'un pratique à pied.

Quant à Monte-Christ, le débarquement y serait aisément empêché, mais en le supposant effectué ou à ce point, ou à la Baye de Mancenille, il serait facile si l'ennemi voulait marcher vers la Véga-Réal, de l'arrêter à Saint-Yago dont la position est très-avantageuse. Mais qu'y ferait-il, forcé de s'éloigner chaque joùr de fa flotte & par conféquent de reffources dont il manquerait à la Véga-Réal, d'abord parce que ce n'eft pas la partie la plus riche en beftiaux, & encore parce qu'on aurait pu lui en retirer une partie en la conduifant vers la plaine de Conftance? Songer à aller foit par cette plaine, foit par la grande route jufqu'à San-Domingo, ce ferait l'entreprife la plus folle, car elle fuppoferait qu'on compte pour rien, les chaînes de Sévico & de Pardavé, qui font faites pour arrêter l'homme le plus entreprenant; & qui auraient la même utilité fi l'on avait tenté de remonter l'Yuna. Il faudrait donc fe borner à ravager quelques chétifs établiffemens & à détruire quelques animaux, entreprife qui pouvait bien égayer d'anciens Flibuftiers, mais qui ne feraient fans doute pas aujourd'hui l'objet d'un armement ordonné par une puiffance maritime européenne.

Une defcente fur la côte du Sud, depuis la pointe du Sud-Eft ou de l'Épée jufqu'à San-Domingo & même jufqu'à la redoute de Jayna, ferait fujette aux inconvéniens de celle faite à l'Eft, & fi elle diminuait un peu celui du délai, il en refterait encore affez pour qu'il y eût peu de fuccès à efpérer en marchant vers San-Domingo, qu'il faut toujours aller attaquer par terre à caufe de la barre de l'embouchure de l'Ozama.

Il y a cent points de débarquement, on le fait, dans l'étendue de la côte qui eft entre la rivière de Jayna & celle de Neybe; Bany & Azua peuvent donc être infultés & même détruits, mais après ce dégât qui ne ferait guère fans doute, pour la réputation militaire de l'attaquant, il n'aurait rien de gagné, soit qu'il dût aller vers San-Domingo, soit qu'il dût se diriger vers l'Ouest. La gorge appellée le *Passage* & qui est entre la Tavora & la Neybe où il faudrait défiler par des pentes rapides, donnerait la certitude d'arrêter ses efforts, & s'il triomphait de ce premier obstacle, le terrain de Banique, la gorge de St-Raphaël verraient terminer l'entreprise; en tirant au contraire vers San-Domingo, il trouverait tous les obstacles dont on a parlé précédemment : bois, rivières, défilés, chemins creux & la difficulté d'amener du canon.

Cet exposé prouve assez qu'il serait encore plus inconcevable qu'on se flattât d'arriver au territoire français en abordant la côte Nord de la partie espagnole. Le seul point de Monte-Christ ou de la Baye de Mancenille pourrait donner quelqu'espoir à l'ennemi, mais il serait à vingt lieues du Cap, ayant à parcourir un pays où chaque position peut être disputée, sur-tout dans les douze lieues qui sont, entre le Fort-Dauphin & le Cap. Éloigné du point qu'il faut soumettre pour s'établir dans l'île & ne pas courir le risque d'y être harcelé à chaque instant & pour avoir une communication rapprochée avec l'escadre, il verrait son armée s'épuiser d'autant plus vîte, qu'il aurait été forcé; pour éviter les coups de Nord capables de jetter l'escadre à la côte, de prendre une saison où les chaleurs éprouvent si cruellement les troupes européennes, que celles qui n'arrivent pas pour combattre, mais à qui tous les secours & toutes les commodités sont procurés, comptent plus d'un tiers de malades en moins de trois mois. D'une autre part , ce n'est pas assez d'attaquer & même d'envahir une grande partie d'un pays , il faut être en état de conserver sa conquête , & d'obliger , par conséquent , celui qu'on attaque à se rendre assez vîte , pour qu'il ne puisse pas recevoir de nouveaux secours. Or, pour avoir cet espoir, il faut être maître du Cap ; ce qui, quand on a débarqué à la Baye de Mancenille , présente trop de hasards & expose à des erreurs dont le détail ferait long & étranger au sujet actuel.

L'état désert de Saint-Domingue espagnol ne fait donc rien appréhender à Saint-Domingue français, & puisque la possibilité morale de l'attaque de l'un par le territoire de l'autre ne s'offre qu'à la Baye de Mancenille , il faut ajouter qu'alors l'ennemi aurait encore à redouter de se trouver entre deux feux ; puisque l'espagnol pourrait se jetter sur ses derrières, inquiéter ses convois , ses communications & le réduire à ne pousser en avant qu'une partie de sa force, l'autre étant nécessaire pour contenir les espagnols ou pour assurer une retraite, objet dont le militaire le plus audacieux n'ose jamais croire qu'il n'aura pas besoin.

Veux-t-on que l'espagnol soit au contraire l'ennemi qui fera craindre quelque chose aux français ; on ne conçoit pas qu'il pût tenter autre chose que des incursions sur le territoire voisin des frontières , puisqu'il n'y a dans nul lieu de la colonie espagnole de quoi faire l'attaque sérieuse de la nôtre, soit en troupes, soit en munitions & que l'Espagne n'est pas constituée de manière à trouver chez elle les matériaux d'un armement tel qu'il en faudrait un pour tenter la conquête de la partie française. Au surplus, comment lorsque des Aventuriers épars sur la côte de St-Domingue ont résisté aux espagnols dont la colonie était alors plus florissante qu'à-présent, une colonie telle que la nôtre deviendrait-elle leur proie ? Un cordon sur les frontières suffirait pour tout préserver, & y eût-il quelques portions moins bien défendues, il faudrait toujours qu'après avoir porté la dévastation dans quelques-unes de nos possessions, l'ennemi se hâtât de retourner chez lui par l'impossibilité de se maintenir dans les lieux témoins de sa cruelle, mais inutile fureur.

Il reste une hypothèse qu'on n'a pas faite : c'est de supposer que l'Espagne serait non-seulement notre ennemie, mais encore coalisée avec d'autres puissances contre nous. Cette hypothèse suppose, sans doute, des évènemens bien étranges, & l'on ne peut disconvenir qu'alors, il serait plus avantageux pour la France d'avoir seule toute l'île, plutôt que d'y trouver une ennemie qui s'aveuglerait assez pour oublier que la Martinique est une des clefs du Golphe du Mexique, & pour servir les vues d'une autre puissance contre nous. Mais même dans ce cas, à moins que la France eût abandonné sa colonie par la négligence d'y réunir des moyens de résistance, ou parce qu'elle serait dans l'impuissance de lui en procurer, les tentatives seraient vaines ; & encore, dans tous les cas, je ne sais pas jusqu'où la crainte de passer sous la domination espagnole pourrait porter les colons français de St-Domingue. Et que l'Espagne se rappelle bien que ce ne sera pas impunément qu'elle adoptera le parti d'une puissance quelconque, autre que la France, car celle-ci est la seule qui n'ait pas intérêt à soulever le Mexique. D'autres l'ont désiré, d'autres l'ont tenté & sans les Français. . . . . . . -Mais ce serait ravir des faits qui appartiennent à l'histoire.

2.º *Une plus grande sureté pour la navigation en tems de guerre.*

La position de Samana est, on la dit, très-favorable à la croisière, mais ce n'est pas de Samana terrestre que ce fait dépend; les corsaires ne peuvent guères se hasarder à venir dans cette baye, à présent que des établissemens espagnols sont en état de leur en défendre le séjour, & l'on a vu combien il serait facile d'en interdire l'entrée aux plus gros vaisseaux, qui, au surplus, savent trop, combien ce port est périlleux, soit qu'on y pénétre, soit qu'on en sorte, pour aller s'y tenir lorsqu'ils seront presque sûrs de n'en pouvoir pas appareiller pour poursuivre leur proie. Mais Samana fût-il français il n'empêcherait pas les croisières qui s'y font, à moins qu'il n'y eût des bâtimens chargés d'y protéger l'abord de ceux qui viendraient d'Europe ou des Isles-du-Vent. Or, ces bâtimens, si nous en avions, pourraient partir également du Cap-Français, & aller donner cette utile protection. Ce n'est pas toujours à Samana que se rendent les croiseurs qui viennent de la Jamaïque, ils s'arrêtent à La-Grange, souvent même ils sont devant le Cap-Français, & là, comme nous l'avons trop souvent éprouvé, ils viennent prendre nos navires jusqu'à la vue & presque sous le canon de Picolet. Ce n'est pas de ce que la propriété de Samana appartient plutôt à l'une des deux nations qu'à l'autre, que résultent ces malheurs, mais de cette vérité que la protection la plus efficace pour une colonie, c'est la marine.

3°. Une subsistance plus assurée.

On a vu que ce n'était pas en espérant que des cultivateurs ou de simples individus français augmenteraient le nombre des hattiers qu'on a compté sur l'avantage de devenir indépendant pour une fourniture qu'on peut appeller de première nécessité, mais parce que le régime des hattes serait, tout à la fois, & plus sagement ordonné, & plus libre.

Par l'effet de la cession il y aurait, à coup sûr, un changement dans le local des hattes, puisqu'autrement & si l'on supposait qu'elles occuperaient, comme aujourd'hui, tous les points de la colonie, encore que l'on resserrât leurs limites, l'île se trouverait toujours divisée en une partie agricole, & c'est celle

actuellement

actuellement française, & une autre composée de pâtres, avec cette seule différence, que par l'effet d'un meilleur régime, il devrait arriver qu'il y aurait dans l'une bien plus de bétail que les deux ensemble n'en pourraient consommer ; ce qui, pour le dire en passant, ne serait pas un encouragement puissant en faveur de l'éducation des animaux.

Mais si les hattes éprouvent un changement, quant à leur déplacement, comment ne voit-on pas que déjà la subsistance ne sera plus aussi certaine, par l'impuissance réelle de conduire d'un lieu dans un autre, tous les animaux d'une hatte, & parce que ce mouvement produira des bêtes fugitives qui diminueront d'autant le nombre de celles nécessaires à la reproduction.

On conçoit bien que pendant assez long-tems l'on ne sentirait pas l'effet de ce changement de position, parce que les établissemens en culture commenceraient dans les parties les plus voisines des côtes où les hattes ne font pas les plus nombreuses. Mais enfin, ce terme doit arriver, & il faut qu'alors la population actuelle de la colonie espagnole soit conservée, car, sans elle, plus de hattes, par le fait bien probable, qu'aucun français ne viendra dans l'étendue de la nouvelle acquisition, pour y mener un genre de vie qui sympathise mal avec le caractère d'un peuple vif, entreprenant, & qui se dégoûte vite de tout ce qui porte l'empreinte de la monotonie.

Voilà donc les seuls colons espagnols chargés de l'approvisionnement de l'île entière ; & les seuls pour lefques il faudra fuppofer que la ceffion ne devra avoir aucune conféquence heureufe au-delà de l'amélioration de leurs hattes. Or, par quelle loi, jufte en foi & poffible dans fon exécution, réglera-t-on que nul colon, ci-devant efpagnol, ne pourra quitter le métier de hattier pour prendre celui d'agriculteur d'un genre quelconque. Comment fondre en un feul, les deux peuples, bien diftincts au moment de la ceffion, s'il y a une efpèce de ligne de démarcation entre leurs occupations ? La plûpart des efpagnols voudront s'adonner à la culture dont on n'a ceffé de leur dire que les produits enrichiffaient les français ; & les français, pour les oreilles defquels, on a toujours fait la fynonymie de hattier & de pauvre, ne s'adonneront pas à des foins, dont je répète, que la nature fait violence à leurs penchans & à leurs habitudes.

Sans doute il ferait bien facile de faire des réglemens qui, ne confidérant rien d'individuel, ne porteraient que fur le fol, & marqueraient, comme on le dit, des hattes pour chaque lieu, ou des cantons entiers, fi ce dernier moyen était plus propre à diriger vers le but qu'on fe propoferait ; mais ce fol, quel réglement pourra forcer à l'entretenir en hatte ? Sera-ce la défenfe de l'employer de toute autre manière ? mais le propriétaire fe laiffera-t-il perfuader, & fi par obftination ou par un motif quelconque, il ne veut point être hattier ; ou, fi au lieu d'avoir le nombre d'animaux que l'étendue de fon domaine exige, il n'en a que dans une proportion moindre, quelle peine lui impoſerez - vous ? Celle de perdre ſa propriété ? C'eſt, ſans contredit, la plus ſévère qu'il puiſſe encourir ; mais, ce châtiment, le compterez-vous pour une reſſource dans les boucheries ? pour un moyen de remplacer les animaux qui ſont des agens dont les manufactures ont un beſoin indiſpenſable ? Vous éprouverez, comme dans la partie françaiſe actuelle, que des loix ſont inefficaces dès que l'opinion les contrarie, & que lorſqu'un gouvernement eſt réduit à vouloir que les particuliers faſſent de leurs propriétés un uſage que ceux-ci ne croient point avantageux, la loi finit par aller ſe reléguer dans un code, pour n'y être plus qu'un monument du manque de ſageſſe de ce gouvernement.

On verrait donc au lieu d'une ſubſiſtance plus aſſurée, une dépendance plus réelle, non pas d'un voiſin que l'impuiſſance de faire mieux réduit à être paſteur, mais d'étrangers qui pourraient tirer avantage de ce qu'ils ont le choix de ſe livrer à tout autre moyen de proſpérer. Et comment n'être pas effrayé de l'idée d'ajouter encore aux inconvéniens que nous fait ſouffrir l'attente d'approviſionnemens qui doivent toujours venir du dehors : attente qui, durant la guerre ſur-tout, rend dans les colonies preſque tout précaire, juſqu'aux entrepriſes ou aux moyens militaires de conſervation ? Qu'on réfléchiſſe donc un inſtant ſur ce que la colonie françaiſe de Saint-Domingue ſouffre déjà, parce que les objets mêmes qu'elle peut avoir de la colonie eſpagnole ne ſuffiſent pas à ſes beſoins en ce genre, & l'on verra bientôt qu'au lieu de trouver, par la cession, d'inépuisables ressources, elle aurait à redouter de plus grandes privations.

4°. *Un accroissement dans la population.*

On doit avouer la possibilité de l'augmentation de la population par les hommes qui viendraient apporter une nouvelle industrie, par les émigrans des autres colonies françaises & étrangères, & enfin par tous les moyens qu'on a cités. Mais ceux qui désirent la cession, n'ont pas vu qu'elle n'expulserait pas les colons espagnols de leur pays ; que ces colons & des propriétaires résidans en Espagne qu'on ne dépouillerait sans doute pas, possèdent la totalité de la partie espagnole où il n'y a point de terrain accessible pour l'œil qui ne soit concédé. Il faudrait donc acheter d'eux les terrains qu'on voudrait établir.

A coup sûr, le prix en serait très-modique, sur-tout si l'on déclarait que chaque manufacture n'aurait déformais qu'une certaine étendue, & que l'excédant serait réuni au domaine public, s'il n'était pas établi ou vendu dans un délai fixé. Cependant cette observation écarte un peu la possibilité de donner gratuitement des terrains aux nouveaux colons qui se présenteraient avec un certain nombre de nègres, & fait sentir la nécessité pour ces colons d'avoir encore le moyen de payer une nouvelle acquisition, & celle de venir préalablement faire cette acquisition & des dispositions provisoires, avant d'amener leurs nègres.

Il paraît de plus qu'on a compté pour rien l'effet

des défrichemens sur la santé des colons & anciens & nouveaux ; cependant cet effet est sensible dans les climats les plus sains, & ce serait commettre une erreur grossière que de ne pas calculer que sous la Zône torride les causes mêmes de la fertilité d'un sol couvert d'arbres, doivent influer d'une manière fâcheuse sur la vie des premiers établissans. Quiconque a étudié la nature des établissemens coloniaux des Antilles, a dû se convaincre que ce n'est pas celui qui les commence, ni même celui auquel il transmet immédiatement sa pénible entreprise, qui en recueille le fruit.

Si ces objections sont fondées, quant aux colons libres & blancs, quelle force n'acquièrent-elles pas, lorsqu'on les fait rapporter aux nègres qui, plus soumis encore à l'influence d'un lieu nouvellement défriché, & destinés à vaincre tous les obstacles par leurs propres efforts, ne manqueraient pas d'y trouver des causes de destruction fréquentes & multipliées.

5°. *Augmentation de Culture.*

Nous voici au point le plus important ; car toute colonie ne pouvant avoir de véritable destination, que celle de procurer à sa métropole en échange de ses productions naturelles ou manufacturées, d'autres productions que cette métropole peut faire servir, à son tour, à des échanges avec les autres nations, il est très-certain que les colonies françaises des Antilles qui offrent des objets absolument différens de ceux que la France produit, doivent être d'autant plus utiles, que leur culture est plus étendue.

. Le calcul auquel on s'est livré par rapport à l'accroissement de culture qu'on devrait naturellement attendre de la cession, porte sur une base fausse. D'abord, on n'y a évalué la mortalité annuelle des nègres à Saint-Domingue qu'au trentième, & il est certain que c'est au vingtième qu'il faut la fixer. Ce n'est même pas au traitement des nègres qu'on doit attribuer cette proportion, parce que s'il est des esclaves qu'une administration vicieuse fait périr en plus grand nombre, il est aussi quelques lieux privilégiés où le climat diminue les pertes, de manière qu'on peut adopter cette proportion du vingtième, ou de cinq sur cent, comme la véritable.

Pour se mieux convaincre de la modération de ce taux, qu'on considère la mortalité des blancs, pour lesquels il n'y a pas de mauvaise administration à changer dans ce sens ; elle est aussi de cinq sur cent au moins, & bien plus forte, si l'on y comprend les troupes.

Ainsi, sur cinq cens mille nègres français que l'on peut compter actuellement à St-Domingue, le remplacement annuel doit être de vingt-cinq mille. Il est vrai que sur ces vingt-cinq mille, il faut tenir compte des naissances qui vont au soixantième & que je sais qu'on pourrait augmenter par un régime qui ferait aimer la maternité dans toutes les habitations, comme elle l'est dans celles où l'atelier se recrute quelquefois par lui-même. Mais d'un autre côté, l'on voit que ces vingt-cinq mille nouveaux individus ne font pas un remplacement affuré, parce que la longueur de la traite pendant laquelle on a pu fe les procurer en Afrique, celle de la traverfée, la faifon où ils arrivent, tout influe fur la difficulté plus ou moins grande de les acclimater, indépendamment des autres circonftances locales.

On peut donc regarder plûtot comme affoibli que comme enflé, le nombre de feize mille nègres que le remplacement exige annuellement dans la partie française, après balance faite des naiffances & des mortalités.

En fuivant cette proportion pour les fix cens mille nègres qu'on fuppofe être le nombre qu'il faut avoir dans la partie efpagnole, on trouverait trente mille pour les mortalités, dix mille pour les naiffances, & par conféquent, vingt mille pour le remplacement.

Additionnant ces deux remplacemens, puifqu'il s'agit d'obtenir une augmentation de culture, & que l'on a furement entendu que l'établiffement de la partie efpagnole n'amenerait pas l'abandon total de la partie française, on trouve trente-fix mille nègres à obtenir, chaque année, pour la totalité de l'île, quantité qu'on peut bien réduire à trente mille, fi l'on veut fuppofer que cent vingt mille nègres pafferaient utilement de la colonie française dans l'autre.

Mais ce calcul de fix cens mille nègres, fait pour la colonie efpagnole, n'eft-il pas évidemment difproportionné avec l'étendue de ce fol qui offre une furface, au moins deux fois auffi confidérable que celle de la partie françaife, relativement à la culture? Quiconque connaît bien le local, conçoit, fans effort, la poffibilité d'y occuper quinze cens mille nègres. Cependant pour être à l'abri de tout reproche d'exagération, fuppofons qu'il n'en faille qu'un million; c'eft à dire, deux fois autant qu'en pofsède actuellement la partie françaife (qui pourrait elle-même en occuper cent mille deplus), ou autant que toutes les colonies françaifes enfemble , d'où fe procurera-t-on un nombre auffi immenfe d'individus pour faire ce premier fond , & pour lui procurer enfuite le remplacement de trente trois mille nègres qu'il demanderait chaque année ?

A cét égard, l'Afrique entière & chacune de fes parties, font indiquées par les partifans de la ceffion, comme fi cette nomenclature complaifante ajoutait aux moyens d'en tirer des habitans ; mais voici l'objection.

Pourquoi dans les années les plus favorables à la traite, c'eft-à-dire, depuis la paix de 1783 , l'introduction annuelle des nègres à St-Domingue, n'a-t-elle jamais pu aller qu'à trente - deux mille & quelques cens ? Nous avons vu que pour maintenir la colonie françaife à fon taux actuel, & lorfqu'elle a travaillé pendant environ cent trente ans à obtenir un fond de population qui lui eft propre, il lui faut au moins la moitié de ces 32 mille nègres en remplacement. Il n'en refterait donc que feize mille autres

avec

avec lesquels il est ridicule de commencer le million exigé.

Faut-il pour faire les suppositions les plus favorables à l'opinion que je combats de bonne foi, compter que deux cens mille nègres des Isles-du-Vent passeraient à St-Domingue, & que leurs remplacemens ordinaires les y suivraient ; mais il resterait encore huit cens mille nègres à trouver ; car si l'on va en tirer de la partie française, il faut toujours leur appliquer leur part proportionnelle du remplacement de seize mille qu'ils exigent à présent, & les seize mille restant seraient cinquante ans à donner le fond des huit cens mille dont on a besoin.

On nous ramenera, sans doute, encore à l'Afrique à laquelle il reste certainement plus de huit cens mille habitants, mais cette possibilité offerte, quant au territoire, est-elle donc suffisante ? Crée-t-elle aussi celle de doubler, de quadrupler les navires, les équipages, les marchandises indispensables pour la traite, en supposant que les Africains ne manquassent jamais à toutes ces combinaisons.

N'est-ce pas ici l'occasion de se ressouvenir de ce que j'ai dit du peu d'effet qu'ont produit les cédules de 1786 & de 1789, pour attirer des nègres dans les colonies espagnoles. Qu'on regarde l'état chétif & faible de celle de la Trinité, qu'on a tant vantée, où des émigrans des Isles françaises du Vent ont accouru, & l'on ne sera que trop porté à croire qu'il est plus d'une chose de ce genre qu'il faut laisser au rang des chimères.

Pour aller jusqu'au bout, nous supposerons cependant que de ce million de nègres, il n'y ait plus, au moyen des recrues tirées des autres îles & de St-Domingue même, que sept cens mille individus à demander à l'Afrique & qu'elle les ait accordés. Il sont à bord des vaisseaux, ils ont franchi les mers, les voilà prêts à débarquer sur la plage de la partie espagnole, je demande qui a préparé les cent soixante-quinze millions de piastres gourdes avec lesquelles il faut les payer ?

Sera-ce la troupe des nouveaux capitalistes, sur lesquels on compte ? Mais il leur faut de plus, de quoi acheter le terrain, sur lequel ils doivent faire emploi de cette somme, & s'il y a un grand concours de cultivateurs, le prix de ce terrain sera encore assez considérable pour qu'il ajoute beaucoup aux neuf cens soixante-deux millions & demi tournois dont je viens de parler. Sera-ce l'habitant qui a abandonné une terre ingrate, pour venir demander à un sol plus fertile qu'il paye son industrie ? Mais cet abandon du premier terrain, est lui-même un sacrifice ; il est toujours accompagné de l'abandon de plantations déjà faites, de bâtimens déjà construits, de beaucoup d'objets & d'ustensiles dont le transport aurait été trop coûteux, & qu'il ne faut pas moins se procurer dans le lieu où l'on se transplante. La médiocrité ou même la misère qui force à quitter le lieu où l'on vivait, où l'on était né peut-être, ne laisse pas partir avec des ressources.

Cet émigrant ira-t-il demander du crédit à l'armateur du nègrier qui arrive ? Le capitaine ou le commiſſionnaire qui repréſente cet armateur & qui reconnaît dans celui qui fait cette demande de crédit, un ancien débiteur qui lutte depuis long-tems contre les mauvaiſes chances, refuſera ſurement de courir encore avec lui celle de ſa nouvelle émigration. Ainſi les nègres reſteraient invendus, & ſi, contre toute probabilité, la néceſſité contraignait le commerçant à s'en défaire à tout riſque, plutôt que les laiſſer mourir pour ſon propre compte ; la ruine des armateurs ſerait pour la France, une perte réelle que ne balancerait peut-être jamais l'emploi des nègres.

Enfin allons juſqu'à imaginer que les moyens pécuniaires pour le payement de ces nègres ſe trouvaſſent, ou que par des ſpéculations quelconques on eût à diſpoſer d'un grand nombre de nègres pour la culture de la partie eſpagnole.

Comment n'être pas effrayé de l'idée d'y commencer des établiſſemens, puiſqu'on peut dire, avec vérité, qu'elle n'en a point encore. Et ceux qui en parlent avec tant d'enthouſiaſme, ſavent-ils bien ce que c'eſt qu'un défrichement à St-Domingue ?

Il faut quelquefois aller à pluſieurs lieues de tout établiſſement, en ſe frayant ſoi-même un chemin dont la nature eſt un grand obſtacle pour tout ce qu'il faut apporter ſur le point où l'on veut faire ſon abbatis. L'on doit arriver muni de vivres & d'outils. On commence par faire un ajoupa où tout eſt mis pêle-mêle, afin de garantir les proviſions, & ces outils des injures du tems que les hommes ſont deſtinés à braver encore plus d'un jour. C'eft un lieu voifin de l'eau qu'il faut choifir pour placer la hutte & cela même dit qu'il n'eft pas toujours le plus fain.

La hâche commence à frapper les arbres qui environnent la cabane, c'eft ainfi qu'on paye l'afile que ces premiers poffeffeurs du terrain avaient accordé fous leurs branches. Le feu eft allumé pour confumer ces troncs énormes que l'homme eft deftiné à regretter un jour, il y a enfin une petite clairière dont l'habitant fait le centre de toutes fes efpérances & de tous fes calculs.

S'il a du plant, il le confie à la terre, en la conjurant de ne pas tromper fes vœux. S'il en manque, il faut qu'on fe mette en route pour en aller chercher. Tout eft porté fur la tête des nègres dont une partie doivent être deftinés à renouveller les provifions que le local ne procurera pas encore de long-tems. Les pluies rendent le trajet plus fatiguant, le débordement des rivières empêchent les retours aux époques indiquées.

Le moment vient où il faut conftruire des logemens; qui, quelques miférables qu'on les fuppofe, exigent du tems & de la peine. Les nègres défirent qu'on leur indique un terrain qui fera leur propriété, & où ils puiffent fe préparer des reffources. C'eft en commun que le défrichement doit en être fait, & ce tems eft perdu pour la culture fpéculative. Les infectes attaquent tout; & leurs dégâts en confommant une partie des provifions, en rend le renouvellement plus fréquent, plus pénible, & plus difpendieux.

Cependant le défrichement s'étend, & la forêt fuit devant l'homme ; mais ce succès lui-même a des suites douloureuses. Plus le terrain est fertile, plus le bois a été fourré, & plus par conséquent l'abattis a été pénible. L'air qu'on respire sur ce sol nouvellement découvert & fraîchement remué, est l'un des plus dangereux pour l'homme ; il a des effets d'autant plus prompts & d'autant plus meurtriers, que dans un pays tout-à-la-fois chaud & humide, le contraste des jours & des nuits est très-marqué. Il agit ce contraste sur des nègres quelquefois mal vêtus, & qui sont toujours disposés à avoir froid, lors même que les jours éprouvent les ardeurs de la canicule. Des nègres tombent malades, & là, manquant de plus d'une chose nécessaire à l'homme en santé, privés du secours de médecins ou de chirugiens intelligens, leur état est un véritable combat entre leur force propre & l'énergie bien connue du climat. Cette circonstance qui peut avoir une plus ou moins grande étendue, a aussi des effets plus ou moins graves, parce que la maladie peut frapper des nègres ouvriers plutôt que de simples cultivateurs ; & si la durée de leur impuissance de continuer leurs travaux est un grand mal, qu'on pense à celui que leur mort peut produire.

Lorsque l'on est assez heureux pour ne pas éprouver de maladies graves, ni d'accidens fâcheux, tels qu'un défrichement en cause assez fréquemment ; l'une de ces incommodités qui se communiquent ; une maladie d'éruption, vient quelquefois enchaîner tous les bras, & des travaux combinés pour une saison, font interdits par celle qu'on n'a pas eu le tems de prévenir.

C'eft ainfi que les jours & les mois s'accumulent, & qu'un laps de tems confidérable fait que le colon fe trouve encore moins avancé qu'à l'époque où il a commencé, parce que le découragement s'eft emparé de lui ou de fon atelier. Heureux l'homme qu'une éducation robufte a formé pour un femblable genre de vie ! Celui qui l'adopte par befoin, a dans le fouvenir du paffé un tourment continuel, & fi après dix ans de combats avec les privations, pour ne pas dire avec une forte de mifère, le colon conçoit l'efpoir du fuccès, qu'il y a loin de ce moment à celui où il pourra atteindre les premières jouiffances & mefurer l'intervalle qui fera encore entre lui & les commodités & les plaifirs ! Combien d'années s'écouleront avant qu'il ait, en quelque forte, rien fait pour lui-même, car cette époque eft encore poftérieure à celle où fes travaux & fon induftrie auront ajouté une manufacture quelconque de plus à celles de la colonie, & quelque chofe à la fortune publique.

Mais ce tableau qu'on ne pourra pas trouver trop chargé, c'eft celui d'un défrichement fait dans un lieu dont les environs font découverts, où l'on a déjà des routes depuis le rivage jufqu'à des établiffemens dont on n'eft pas extrêmement éloigné ; où d'autres habitations offrent dans leurs bâtimens, des afiles & des magafins ; où l'amitié, la générofité, ou ce fentiment bienveillant qui accueille les étrangers dans les colonies, offre & procure des fecours & des reffources de tous les genres & notamment en animaux pour des charrois, en ouvriers & en une multitude d'autres objets qui hâtent infiniment une entreprife de ce genre. Ce tableau appartient à un pays où le nombre des premiers établiffans eft petit, où leur induftrie déjà connue, infpire de la confiance & obtient du crédit, où celui qui fe deftine à commencer une manufacture coloniale, a prefque toujours pour affo-cié, un homme qui ne vient pas partager fes peines & fes dégouts, mais qui contribue par des avances, à rendre plus court ce tems de foins pénibles. Enfin c'eft pour augmenter une colonie, qu'on entreprend un défrichement, ce n'eft plus pour en fonder une.

En effet, quel exemple, peut-on citer de la fon-dation d'une colonie quelconque & fur-tout d'une colonie à efclaves faite, en quelque forte, d'un feul jet. Toutes, & celle françaife de St-Domingue elle-même, ont été l'ouvrage fucceffif du tems. C'eft de proche en proche, que la culture s'eft établie. C'eft en fe propageant de la circonférence vers le centre que les colons ont accru leurs fuccès; c'eft en allant comme Flibuftiers s'emparer de cultivateurs nègres, pour les employer fur le fol français, c'eft en devenant nom-breux, qu'ils ont pu former des combinaifons qui devaient procurer des avantages à tous; c'eft avec des gains déjà faits, c'eft par les avances du commerce & par-deffus tout, avec un fiècle d'efforts, fous un cli-mat qui a moiffonné des hommes par milliers, qu'en-fin il s'eft formé une génération opulente.

Qu'on cite, encore un coup, un feul exemple qui

faffe exception à cette règle & que le fuccès ait cou-
ronné. La colonie efpagnole de Saint-Domingue eft,
fi l'on veut s'en reffouvenir, la plus fûre comme la
plus terrible leçon que nous puiffions offrir. Avec un
million d'indiens, elle fut l'étonnement de tous les
peuples & elle avait droit à leur admiration, du moins,
quant à fes richeffes. Eh bien! Tout a difparu avec
ces infortunés. Il ne s'agiffait cependant plus d'é-
tablir, mais feulement d'entretenir. On a appellé
l'africain, pour remplacer l'américain, mais celui-ci
n'avait coûté que la peine de l'afservir, tandis qu'il
fallait acheter l'autre ; par cette feule néceffité,
tout a été décadence depuis, & la négligence du gouvernement efpagnol a confommé ce que la foif de
l'or avait fi horriblement commencé.

Je n'ignore pas qu'à une époque encore affez ré-
cente, on a vu à St-Domingue, fe créer, en quelque forte, un canton nouveau à *Plymouth*, dans la dépendance de Jérémie. Mais lorfque la valeur du café
a infpiré l'idée d'aller demander cette graine à un
terrain propice, il y avait déjà des défrichemens faits
à Plymouth par quelques hommes laborieux & pa-
tiens, endurcis au travail, infenfibles aux plus cruelles
privations , ou par des hommes-de-couleur, qui
avaient fuppléé par le tems au manque d'énergie
& de fecours ; & c'eft même aux preuves de la fécondité du fol, manifeftées par ces premiers effais, qu'on a
dû ceux qui les ont fuivi en fi grand nombre. Et
comme je l'obfervais précédemment , la plupart
des établiffans de Plymouth ont été des hommes
qui

qui avaient déjà des moyens pécuniaires au nombre desquels, je compte le crédit ; & si l'on veut même faire des recherches à cet égard , on trouvera bientôt que les possesseurs actuels ne sont déjà plus les premiers qui , comme cela arrivera presque toujours, n'ont eu que les tribulations inséparables du sort de celui qui défriche.

Mais enfin , nulle part, il n'a été question d'établir presque tout-à-coup, & de le faire avec des hommes non-acclimatés , ou non-accoutumés à des lieux semblables au terrain de la colonie espagnole , telle qu'elle existe en ce moment. Et l'on s'abuse assez pour raisonner à l'égard des nègres destinés à ce local, comme s'ils devaient être assimilés à ceux qu'a la partie française ! on parle de mortalités au vingtième ! on ose compter sur un soixantième en reproduction, & déjà l'on croit être arrivé à ne s'occuper que du remplacement annuel ? De quelque part qu'on tire ou les six cens mille nègres auxquels on se bornerait , ou le million qu'il faudrait au moins, à un pays presque nû , sans chemins , sans abris, où il faut construire des ajoupas à cause de la marche d'un régiment ; leur destruction sera effrayante , & le calcul des hommes dont la cendre a engraissé la terre française de St-Domingue depuis 1670 , fournirait une preuve que je serais trop chagrin de procurer.

Et l'on voudrait , non pas comme dans l'origine de toutes les Antilles , cultiver le gingembre , le tabac, puis l'indigo, c'est-à-dire, les denrées qui permettent l'application d'un petit nombre d'individus, pour obtenir un produit proportionné à ce nombre, & arriver ainsi graduellement au sucre ; mais supprimant presque tous ces intermédiaires, on prétend doubler le nombre des sucreries actuellement existantes dans la colonie française ?

A-t-on une idée bien exacte de ce que c'est que l'établissement d'une sucrerie, capable de payer les frais qu'elle occasionne, d'offrir un juste dédommagement pour les peines qu'elle cause, & de faire trouver la récompense naturelle de l'industrie qu'elle suppose ? Car, s'il ne s'agit que de sucreries de la nature de celles de la partie espagnole, & qui, telles qu'elles font, ont encore coûté des soins, il ne faut pas parler d'une augmentation de culture.

Dans la sucrerie, réellement digne de ce nom, on ne mesure, qu'avec effort, tout l'espace qu'il faut franchir entre le jour où son défrichement a dû commencer, & celui où le mot *revenu* a pû lui être appliqué. La difficulté du manque de chemins, celle du défaut de vivres s'offrent comme des obstacles presque invincibles ; il faut pour fouiller les trous à canne, des nègres forts, vigoureux & conséquemment acclimatés ; pour mouvoir le plus chétif moulin des animaux coûteux & qui veulent du ménagement ; car, la construction d'un moulin à eau, exige un concours de choses que le local n'offre pas toujours.

Et pour qu'on juge mieux de ce qui doit se passer depuis le moment où celui qui a conçu le projet d'avoir une sucrerie, indique du doigt le premier arbre qui doit être renversé, jusqu'à celui où cette sucrerie fait, chaque année, trois cens milliers de sucre blanc ou terré, livrons nous au détail de ce qui doit la composer, lorsqu'elle est parvenue à ce dernier terme.

1° Au moins cent carreaux de terre, dont les deux-tiers plantés en cannes, le reste cultivé en vivres où laissé en savanes, en chemins, en divisions pour faire communiquer les pièces de cannes &c.

2° Environ cent mulets.

3° Deux cens nègres, composés & distribués dans l'ordre suivant :

 120 Nègres travaillans.

  34 Enfans

  16 Vieillards ou infirmes, parmi lesquels quelques-uns rendent de légers services.

  30 Ouvriers, domestiques, gardiens d'animaux, de places à vivres, &c.

200

Des 120 travaillans il faut toujours en compter 15 à l'hôpital, où l'on a l'humanité de souffrir des nègres qui n'ont quelquefois d'autre maladie que le besoin de repos.

Des 105 restans, 80 seulement seront en état de fouiller des trous de canne, les autres n'ont que la force de planter, de sarcler, &c.

Durant la roulaison (la récolte), il y a sept nègres employés dans une sucrerie ordinaire, six à cuire les syrops, & six, ou même quelquefois huit, (suivant ce qu'il y a de nègres sucriers malades) pour planter les formes, les laver, terrer le sucre.

Le moulin exige deux nègresses pour lui donner à manger ; trois nègres pour porter les cannes du parc au piquet, un maître moulinier, deux jeunes nègres pour nettoyer les chaudières & dégager la bagasse, & quatre nègresses pour porter les bagasses que chacune d'elles lie à son tour.

Si l'équipage n'a qu'une batterie, un chauffeur suffit ; il en faut deux s'il a deux batteries ; en outre trois porteurs de bagasses pour une batterie & quatre pour deux.

Un nègre pour chauffer l'étuve.

Trois cabrouets à cannes occupent huit autres nègres.

C'est donc à la sucrerie	21
Au moulin	12
Aux fourneaux	6
Aux cabrouets	8
	47

des 58 nègres qui restent, 44 sont coupeurs de cannes & 14 amarreurs, & ils doivent préparer, dans la matinée, des cannes pour faire de 90 à cent formes ; car l'après midi on sarcle ou l'on fait d'autres travaux.

Quand aux trente ouvriers, domestiques ou gardiens, en voici le détail :

3 Tonneliers
2 Charpentiers
3 Maçons
4 Gardiens d'animaux
4 Gardiens de vivres
1 Hospitalière
2 Cochers
3 Blanchisseuses
2 Cuisinier & aide-cuisinier
2 Valets
2 Servantes
1 Ménagère
1 Poulaillère

30.

Cette sucrerie exige, en outre, pour vingt mille piastres gourdes de bâtimens, soit pour logement, soit pour les divers procédés de la manufacture ; elle veut des canaux, des fossés d'égout, des chevaux, des vaches, des moutons, &c.

Qui ne sera pas effrayé de cette longue liste de choses dont une seule ne peut pas être retranchée ; & si l'on considère ce qu'il faut de tems pour que chaque individu ait acquis le talent de l'emploi auquel on le destine, pour que chaque partie ait pris son jeu dans le mouvement total de cette grande & belle machine, on conçoit ce que des spéculatifs, opérant sur le papier, savent dévorer de durée pour mener à de brillans résultats.

Et l'on croit que l'on couvrira une immense sur-face d'établissemens semblables ou analogues à celui-là ? ou du moins l'on parle de doubler le produit de la colonie française ? Lorsque la manufacture dont nous venons d'offrir l'imparfaite esquisse, donne sept pour cent d'interêt de sa valeur, qui s'élève au moins à un million tournois, c'est un taux auquel il n'est pas un propriétaire sage qui ne voulût se réduire pour terme moyen ; c'est qu'il y a quarante ou cin-quante ans qu'une semblable sucrerie a été commencée, à proximité de tous les moyens & des secours de tous les genres.

Je connais une habitation en sucrerie, voisine de Léogane, placée d'une manière extrêmement avanta-geuse pour les charrois en tout genre, dont on a com-mencé l'atelier en 1750, en lui donnant pour noyau ou pour souche, soixante-dix-huit nègres ou négresses acclimatés, ou comme l'on dit à Saint-Domingue, *faits au pays.* En 1787, le propriétaire avait acheté, depuis cette première époque de 1750, deux cent cinquante-cinq autres nègres, de tout âge & de tout sexe, & dans ce laps de tems il était né sur l'habitation cent cinquante enfans. Hé bien ! au bout de ces trente-sept ans, l'habitation ne comptait, en tout, que deux cent trois nègres ; ce qui offre une perte égale à près de quatre fois la première mise.

Et l'on alloue cinq pour cent pour la perte annuelle qu'on éprouvera dans la partie espagnole ! Ignore-t-on que quand les remplacemens de nègres sont faits par des achats considérables au même instant, la perte est immenfe, & qu'elle influe même fur le fond de l'atelier acclimaté ? Que ferait-ce donc fi ce fond n'était pour ainfi dire, qn'un remplacement fait tout - à - coup. Ignore-t-on qu'il n'arrive prefque jamais que des nègres, déjà attachés à une habitation, puiffent fans fortir de la même ifle, ou fans fortir du même quartier, être appliqués à une autre habitation, fans qu'ils éprouvent une diminution remarquable. Le nègre eft un homme, un être moral fufceptible d'affections comme tous les autres, mais bien plus plié à l'habitude que tout autre homme. Le feul changement de lieu lui préfente au moins l'abandon de ce qu'il s'eft accoutumé à regarder comme partie de lui - même. Il s'eft identifié avec fa cafe, avec fa place à vivres ; il a contracté des liaifons dans le voifinage, dans le quartier, & quelquefois jufques dans le bourg au marché duquel il va porter chaque dimanche fa petite récolte hebdomadaire. Un fentiment plus vif, l'amour, car tous les êtres font foumis à fa puiffance, a peut-être placé à quelque diftance de fa cafe, l'objet qui eft l'Univers pour lui. Peut-être eft-ce dans ce point qu'il va jouir, quand il le peut, des douceurs de la paternité. Et l'on croit que tous ces liens, que tous ces rapports fe briferont fans fecouffes pour fon ame, lorfqu'on le menera fur un fol nouveau & qu'on ne lui offrira pour unique dédommagement de ce qu'il aura perdu, que des travaux plus pénibles à entreprendre, que des privations multipliées. Il ne faut qu'un rien pour qu'un atelier ainfi tranfporté, fe livre tout entier à un mécontentement d'où naît tout ce que peut produire cette maladie de l'ame, même la mort.

Pour quiconque connaît bien une colonie à esclaves, il n'est pas un seul des argumens employés
en réponse à ceux des préconiseurs du plan de cession, qui ne soit solide & auquel on ne pût ajouter
& des preuves & des conséquences qui ne peuvent
trouver place dans un ouvrage de la nature de celui-
ci. Mais en supposant, toujours sans nulle probabilité, que les nègres nécessaires à la culture de la
partie espagnole pussent être trouvés, il n'importe
ni où ni comment ; il faudrait, au moins, pour amener cette culture au point où est celle de la partie
française, un espace de tems triple de celui qui s'est
écoulé depuis que les français habitent St-Domingue,
c'est-à-dire, environ cinq cens ans.

6°. *Augmentation de commerce.*

Si, comme on se flatte de l'avoir démontré, l'augmentation de culture est presqu'idéale, la conséquence
tirée en faveur de l'augmentation du commerce est
nécessairement problématique.

Il paraîtra même clair à tout bon esprit que l'objection citée par les personnes qui veulent la cession,
& qui est prise de la plus grande cherté qu'elle pro-
duirait quant aux nègres, & de l'avilissement des
denrées coloniales, n'a pas été solidement réfutée.

Sans doute, il y a une espèce d'équilibre entre
les deux valeurs du nègre & de la denrée coloniale,
mais est-il vrai que rien ne puisse la rompre ? Pense-
t-on que le nombre des consommateurs croisse toujours

jours à raison des chofes à confommer ? On peut pen-
fer, très-raifonnablement, que le fucre, le café,
l'indigo, ne font pas encore à la portée de tous ceux
qu'on pourrait amener à en faire ufage ; mais eft-ce
une certitude, qu'on pourrait vendre pour trois cens
millions, ou même pour la moitié de cette fomme
de denrées coloniales de plus, & que fournirait le territoire de la partie efpagnole, calculé feulement d'après
e produit du territoire de la partie françaife ?

Il faut confidérer que le nombre des confomma-
teurs des denrées coloniales, n'eft pas relatif à leur
feule valeur vénale ; valeur qui exclut néanmoins quiconque n'eft pas en état de la payer, mais encore à
la dépenfe des frais de tranfport qu'elles peuvent oc-
cafionner depuis le port. Or cette dépenfe eft indépendante du prix intrinfèque des chofes qu'on voiture,
ou plutôt, lorfque ces chofes exigent des foins pré-
fervatifs comme les denrées coloniales, elle n'eft fufceptible que d'être plus forte. Pour que les confom-
mateurs s'augmentaffent au-delà d'une certaine proportion, il faudrait donc que le prix de la denrée
baiffât. Or, fi cela arrive précifément lorfque le prix
des nègres doit hauffer inévitablement, l'équilibre fera rompu. Il n'y aura plus de quoi acheter des nègres,
faute d'emploi utile des denrées fabriquées ; & s'il eft
vrai que celui qui fe trouve mouillé dans une rade des
colonies avec une cargaifon de nègres, ne peut pas
fonger à retarder leur vente au-delà d'un certain délai, parce qu'ils périraient, il l'eft au moins autant
que celui qui éprouve cette néceffité, ou qui la con-

nait, ne fait plus d'armement pour la côte d'Afrique. Il n'y a là ni augmentation de culture, ni augmentation de crédit.

Que conclure de ce que je viens de répondre aux six propositions avancées en faveur de la cession ? Ceci seul que le projet de faire de la partie espagnole de St-Domingue, une addition à la partie française, projet qui séduit au premier aspect, n'a en réalité nul avantage pour celle-ci en particulier, ni pour la France en général. L'exécution de ce projet rencontrerait des obstacles sans nombre ; elle serait l'ouvrage d'une longue suite de siècles, si même elle se réalisait jamais, & la France se trouverait chargée, en pure perte, des frais de gouvernement qu'exigeraient les colons espagnols devenus français, mais conservant leurs terres & continuant à les habiter. De sorte qu'ayant besoin d'une administration, quelque chétive qu'on pût la supposer, il ne faudrait pas dépenser moins que ce qu'elle coûte actuellement, & encore peut-être faudrait-il une police plus active & fortifier d'autres parties de l'autorité publique qui constitue un gouvernement.

Au lieu de poursuivre cette chimère, occupons nous efficacement de porter notre propre colonie au plus haut degré d'utilité qu'elle puisse atteindre, puisqu'elle est encore susceptible d'un immense accroissement par l'établissement complet de la plaine de l'Artibonite, par celui de la partie du Sud qui, méprisée jusques vers 1750, n'offre encore, plus de quarante ans après, qu'une ébauche imparfaite. Songeons que trois cens mille bras de plus trouveraient un utile emploi dans notre colonie & qu'obtenus fuccessivement & distribués fur des terrains déjà défrichés; placés comme fupplément fur des habitations formées & où une nourriture affurée & des foins multipliés les attendent pour écarter tous les dangers dont leur tranfmigration menace; mis en action dans des manufactures dont tous les fondemens font pofés, où il y a un enfemble dont il ne faut que favorifer l'effet, ils produiraient, à coup fûr, une augmentation fenfible de revenu. Cette augmentation ferait même proportionnellement plus forte que celle du nombre des nègres ajoutés à la totalité de ceux déjà mis en œuvre, parce que la dépenfe de leur achat ferait prefque la feule qu'ils occafionneraient dans la manufacture.

Au lieu d'exercer notre imagination au loin, faifons fur le local qui nous eft propre, notre principale affaire de perfectionner la culture, & plaçons encore auparavant, l'étude de tout ce qui peut affurer la confervation des nègres, de ces êtres précieux, fous quelque point de vue qu'on les envifage, même fous celui de l'intérêt des maîtres, puifque leurs fueurs & leurs travaux affurent à fon induftrie des jouiffances réelles. Qu'un fyftème doux & protecteur, concilie l'avantage du propriétaire & celui de l'efclave; que prenant pour modèle des exemples que la colonie a vu fe multiplier rapidement depuis vingt ans, on combine l'adminiftration des manufactures coloniales, de manière que le nègre y trouve toute la somme de bonheur qui lui est analogue, en faisant résulter de ce bonheur, un gain pour les colons eux-mêmes.

Qu'on nous en croie, ce plan vaut bien la folle ambition d'imiter l'Espagne qui pense qu'on est riche lorsqu'on peut promener sa vue sur de vastes domaines, fussent-ils abandonnés à la stérilité.

Et encore dans tout ce que j'ai dit je n'ai fait entrer pour rien le dédommagement que l'Espagne exigerait & que naturellement on ne pourrait s'empêcher de lui donner. Ce dédommagement, j'ose le dire, ne pourrait être offert qu'en argent, car l'idée de céder la Guadeloupe en échange, ne peut être adoptée. Il ne faut plus croire que les princes ayent le droit de céder ceux qu'ils appellent leurs sujets, & qu'ils se font accoutumés à regarder comme une propriété individuelle. Ils font passés ces jours d'une stupide erreur, où de pareilles opinions semblaient même ne devoir pas exciter de surprise. Le lâche & honteux exemple de la cession de la Louisiane est un monu-ment qui accusera à jamais le ministre, assez coupable pour avoir donné des français sans leur participation : que dis-je ? contre leur gré & malgré leur affection pour leur patrie ! on a appellé révolte l'élan de leur patriotisme ; quelques-uns d'entr'eux ont péri traités en scélérats, mais leur sang criera sans cesse contre quiconque oserait croire qu'on trafique des français comme des troupeaux. (*)

(*) Je m'applaudis d'avoir adopté pour épouse, une Loui-sianaise qui compte son père & un oncle parmi ces honorables proscrits.

Si la France désire quelque possession de plus, si elle en veut une utile & comme colonie & comme moyen d'accroissement pour ses colonies, c'est cette Louisiane qu'elle doit revendiquer; cette Louisiane où vingt-cinq ans d'une domination étrangère n'ont encore persuadé personne qu'on n'y était plus français; cette Louisiane où des forêts, des troupeaux qu'on peut multiplier à l'infini, offrent des ressources dont manquent nos colonies à sucre, réduites à les attendre de la bienveillance d'étrangers qui ne leur présentent qu'une balance désavantageuse dans ce commerce où ils l'appauvrissent d'argent.

Et pourquoi la France serait-elle moins prévoyante ou moins éclairée que l'Angleterre ? Qu'elle observe la marche de cette dernière puissance. Envisageant dans l'avenir la possibilité de perdre ses colonies à sucre, par des évènemens quelconques qui lui en enleveraient ou la propriété, ou les produits, sa sagacité commerciale lui a inspiré l'idée d'un dédommagement futur dans une ressource qu'elle a déjà réalisée.

La vaste étendue des États-Unis de l'Amérique, à l'égard de laquelle, on lui a ravi le titre pompeux de souveraineté, lui a paru propre, & à la consoler de ce qu'un faux amour-propre lui a fait perdre, & de ce que la privation de ses colonies à sucre pourrait y ajouter de malheureux. En conséquence, elle a fait son affaire principale d'envahir par ses agens, par ses prêts, par ses avances, le commerce de toute la partie orientale de ce nouvel empire, & se dirigeant avec un art auquel on ne peut refuser des éloges, elle s'est emparée de presque tout le produit de cette immense portion, sans qu'elle soit tenue, comme autrefois, de subvenir aux frais d'un gouvernement dispendieux.

Le Canada, l'Isle Royale & l'Acadie, enlevés à la France dans une guerre désastreuse, lui servent, d'un autre côté, de point de force pour observer & pour contenir, au besoin, des voisins qui ne pourront être mis au rang des puissances comptées dans la balance politique, que quand ils auront une marine guerrière. De manière que les États-Unis ont à craindre d'être inquiétés sur leurs derrières, tandis que l'idée de forces navales anéantissant leurs ports, sans même avoir besoin de les envahir, les contraindra à vouloir long-tems la paix, par l'impuissance de soutenir une guerre capable de les rendre indépendans sur l'Océan, comme ils le sont devenus sur leur territoire.

Ainsi toutes les combinaisons ont été saisies par l'Angleterre, pour tourner à son profit, & les fautes qu'elle avait commises & ce qu'elle redoute de l'effet du tems auquel il appartient d'amener les événemens qui doivent changer le systême politique du monde entier.

Ce qu'a fait la Grande-Bretagne est un exemple ou même une leçon que la France doit déjà se reprocher de n'avoir pas mise à profit. Il suffirait qu'elle jettât un coup-d'œil attentif sur la Louisiane pour voir ce que la raison & la sagesse lui prescrivent. Toute la partie occidentale des États-Unis cherche & veut un utile débouché pour ses productions; elle appelle une puisfance induftrieufe, capable de lui indiquer & de lui procurer les moyens de les augmenter, de les multiplier & de créer de nouvelles reffources. Le Miffiffipi offre fes eaux propices à cette combinaifon réciproquement avantageufe, & la Louifiane fe préfente comme le point protecteur qui doit balancer, du moins, l'influence du Canada. C'eft cette province précieufe qui doit empêcher que la France ne foit réduite à voir fa rivale profiter feule d'avantages qu'elle aurait partagés, fi un miniftre, célèbre par toutes les prodigalités, n'avait pas voulu que la ceffion de la Louifiane formât l'un des traits de fon caractère.

L'Efpagne, fi elle entend fes vrais intérêts doit regarder comme un avantage réel, pour elle-même, de laiffer retourner la Louifiane à la nation dont elle n'a jamais été valablement féparée. Ce pofte avancé convient mieux, fous tous les rapports, à des français ; & ces vérités font fi palpables, leurs motifs fi évidens, que s'arrêter à les développer encore, ce ferait retracer les premiers élémens de la politique européenne.

Je finirai par un mot, ceux qui veulent la ceffion, font-ils certains que les colons efpagnols préféraffent la domination françaife ? & fi le contraire arrivait, & fi, profitant d'une option qu'il ferait barbare de leur refufer, ils quittaient cette terre pour aller gémir dans une autre de la néceffité de leur expatriation, que deviendraient alors la fubfiftance actuelle qu'ils procurent à la partie françaife, & la force qu'ils préfentent contre l'invafion d'un ennemi commun aux deux nations ?

Je me fuis peut-être trop appefanti fur cet objet,

mais il m'a paru indispensable de mettre fin à une question déjà renouvellée plusieurs fois & qui pouvait entretenir un doute dans les esprits.

Il n'y a de parti vraiment raisonnable, que celui de laisser les espagnols avec ce qu'ils possèdent à Saint-Domingue, de les exciter par la vue de notre active industrie à faire quelques efforts pour sortir de leur langueur. Il ne leur manque que de l'énergie, pour trouver dans leur sol & dans l'éducation des animaux, un remède contre la misère qui les assiège. J'ai cité quelques traits qui prouvent que le gouvernement Espagnol a enfin senti qu'il avait négligé trop long-tems les avantages que lui présentent ses possessions coloniales, & ce sentiment de ses fautes est déjà un grand pas vers l'amélioration du sort des colons. Nous pouvons être émules sans être rivaux, & cette situation est celle qui convient de part & d'autre.

J'ai nommé, par exemple, dans un endroit les abeilles, & je dois ajouter ici qu'elles peuvent être encore une ressource pour la colonie espagnole.

Dans un pays où la nature est sans cesse en travail, où les glaces de l'hyver ne viennent jamais interrompre le cours de ses bienfaits, où la terre est continuellement couverte de fleurs & de fruits, la subsistance des abeilles est toujours très-abondante, & leur produit plus considérable. Dans les forêts les nectaires de l'utile palmiste leur offre des trésors dont elles sont avides, & dès que la main de l'homme est imprimé sur un sol & qu'elle y a laissé tomber la semence du mahis, de ce grain si abondant sous la Zône torride, l'abeille est encore sûre de puiser bientôt dans sa fleur un suc qu'elle trouve délectable.

Déjà la partie espagnole a obtenu, presque sans soin, plus de miel que l'île entière n'en peut consommer. On le transporte par barrique dans la colonie française, où il est acheté sur le pied modique de trois-seizièmes de gourde la pinte ou bouteille française. Mais ce qui serait vraiment une branche de commerce, c'est la cire dont on commence à voir arriver d'assez grandes quantités, que nos voisins nous vendent par baril, & à un prix qui finirait par nous rendre l'emploi de la bougie bien plus économique que celui de la chandelle, en nous garantissant de la crainte de manquer de cette dernière ou de la payer à un prix excessif durant la guerre. Combien d'autres moyens les colons espagnols pourraient encore faire tourner à leur profit si on le leur permettait!

Pour nous, contens de notre lot où l'industrie a plus que balancé les nombreux avantages de la partie espagnole, soyons heureux de posséder dans la partie française de Saint-Domingue que je vais présenter à mon bénévole Lecteur, la plus riche mine du Nouveau-Monde.

Fin du Second & dernier Volume de la Description de la Partie Espagnole.

TABLE
GÉNÉRALE
Des Matières contenues dans cet ouvrage.

Le *volume* est défigné par le chiffre romain & la *page* par le chiffre arabe.

A

Abeilles. I. 55, II. 240, 241.

Abus sur les concessions pour hattes, II. 109 — V. *Boucheries.*

Acajoux. — V. *Plaine des Acajoux.*

Accouchement. Très-heureux dans la partie espagnole, I. 53.

Acul (Baye de l'). Quoiqu'elle soit à vingt lieues dans l'Ouest du point de la limite des deux nations sur la côte Nord de l'île, elle est moins occidentale que des points de la colonie espagnole, I., 253.

Adamanoy. Nom indien de l'Isle de la Saone, 305. — V. *Saone.*

Administration. Son siège principal est dans la ville de Santo-Domingo, I., 134. — Tableau de celle de la colonie espagnole, II., 4 & *suivantes.* — Celle de la colonie espagnole doit intéres-

———

B

D

E

G

Tom. II. M m

H

J

L

M

N

O

P

Tom. II.   Oo

S

———

T

U

V.

X

Xaragua. L'un des cinq royaumes de Saint-Domingue, I, 36. — Sa situation, 36.

Y

Z

Zachée. (Isle). Sa situation, I, 306. — D'où lui vient ce nom, 306.

Fin de la Table des Matières.

ERRATA.

De ce second volume.

Page 44, Ligne 11e; effacez: chevaux, jumens.
   2, lisez: les poulains.
46,   11, de l'évêque; lisez : de l'archevêque.
251,   lisez ; *Bayaguana* avant *Bayaba*.
254,   10, ajoutez : *Capitaine-Général*. L'un des titres du chef de la colonie espagnole, II, 12. --- Nom d'un grade militaire en Espagne, 12.
275,   14, ajoutez : *Hispaniola*. Nom donné par Colomb à l'île St-Domingue, I, 2. --- Les espagnols nomment toujours ainsi l'île Saint-Domingue, I, 2.

Quant aux fautes purement typographiques, le Lecteur est instamment prié d'y suppléer.

www.ingramcontent.com/pod-product-compliance
Lightning Source LLC
LaVergne TN
LVHW050214030726
842520LV00002B/520

* 9 7 8 2 0 1 9 1 4 2 1 2 4 *